AF144385

Lutz Brana

Erfolgsautor aus der Reihe; Engel, Energie und Heilung

Lutz Brana heißt mit bürgerlichen Namen
Lutz Eberhard Boost, rein zufällig ergeben die drei
Anfangsbuchstaben zusammen das Wort; **LEB = E !** Eine
Botschaft die er uns mit seinen Büchern mitteilen möchte
und auch so im Alltag auslebt. Zufall oder nicht, bei seinen
Büchern trifft er ins wesentliche, immer auf dem Punkt. Er
schreibt aus Überzeugung, und zum mitdenken animierend.
Das was heute fehlt, ist die Ehrlichkeit und zu dem stehen
was man schreibt, leider kommt das viel zu wenig vor.

Lutz Brana

Engel, Energie und Heilung 4

*

Spirituelles wissen, ist
der Nektar des Lebens

Bibliografische Information der Deutschen Nationalbibliothek: Die Deutsche Nationalbibliothek verzeichnet diese Publikation in der Deutschen Nationalbibliografie; detaillierte bibliografische Daten sind im Internet über dnb.dnb.de abrufbar.

Herstellung und Verlag:
BoD – Books on Demand, Norderstedt
ISBN 9783734750274

*Spirituelle Lebenserfahrungen.
Gewidmet für all meine Brüder und
Schwestern auf der ganzen Welt.*

Inhaltsverzeichnis

Einführung

Ein Kolibri ist wohl der schnellste Vogel, den es auf der Welt gibt, und das mit den größten Herz zum Verhältnis seines Körpers. Er braucht den Nektar der Blüten um genug Energie zu sammeln, denn es muss leicht und gut verwertbar sein, um die Energie zu nahezu 100% in Kraft und Schnelligkeit umzuwandeln. In der Nacht spart der kleine Vogel so sehr Energie, das er sein Puls so sehr verlangsamt das man denkt er sei Tod. Dieser kleine Kolibri ist ein Meister im effizienten Energieverbrauch und er ist der einzige Vogel der rückwärts fliegen kann. Wenn er den wertvollen Nektar zu sich nimmt, dann scheint er zu schweben. Ich vergleiche alle Vögel unserer Welt, mit den Engeln die immer in unserer Nähe sind. Ich selbst habe eine kleine Sammlung von verschiedenen Vögeln aus einer Art Kunstharz, aber sehr Naturgetreu nachempfunden. Vom See-Adler über Papageien, Finken, Spatzen und Eulen ist so alles da. Diese Vögel befinden sich in einen Raum im meinen Haus, im Erdgeschoss mit einen Fenster zum Hof. Genau in diesen Zimmer hatte ich eine echte Berührung mit meinen Schutzengel. So ein Glück hatte ich nur einmal, aber das werde ich nie wieder in meinen Leben vergessen. Ich wollte mich gerade auf einen der Korbsessel setzen, als ich mit meinen Gesicht die herrlich weichen und warmen Federn spüren durfte! Es geschah als ich mich etwas nach vorn beugte um mich zu setzten, „mir war es so als hätte mein Engel gerade auf den Sessel gesessen". Ich hatte meinen Schutzengel schon öfter gesehen, aber gespürt noch nie und ich wusste bis zu diesen Augenblick nicht, das feinstoffliche Wesen genau so beschaffen sind wie wir. Also auch einen festen Körper haben und warm sind, nun weiß ich es. Aber sie haben eine höhere schnellere Frequenz als wir, deshalb ist es sehr schwer sie zu sehen. Auf unser Welt gibt es eben nicht nur Menschen wie wir, es gibt bestimmt noch hundert verschiedene Arten von Menschen, oder die uns Menschen ähnlich sind. Es gibt noch Wassermenschen, Eidechsenmenschen, Menschen die in den Bergen leben, oder in dichten Wäldern. Es sollen auch großen Menschen gesichtet worden sein, die um die fünf Meter groß sind. Viele können wir nicht sehen, da sie in anderen Dimensionen leben, aber dennoch leben sie auf unser Welt. Wir sind auch nicht allein im Universum und schon gar nicht auf unserer Welt, wobei unsere Welt nicht stimmt. Die Welt gehört den, der sie erschaffen hat und das sind nicht wir. Wir erfreuen uns jeden Tag aufs neue, das wir die Augen öffnen und das Licht fließt in unsere Augen und lässt uns Leben. Wir haben im Schatten der Welt geschlafen und nun wachen wir auf, um den Tag zu genießen, jeden Tag aufs neue und das schon viele Tausend Jahre lang. Wir sind mehr Erde als so mancher glaubt, den wir sind die Erde. Wasser und Mineralstoffe und alles kommt aus der Erde und da gehen wir auch zurück, um aufs neue geboren zu werden. Auch eine Geburt ist ein Tag und der Tod nichts weiter als die Nacht. Wir sind das Gefühl auf der Haut auf Mutters Erde, wir sorgen mit unseren Gedanken für die richtige Atmosphäre auf unseren Planeten. Wir sind ein riesiger Gedanken Apparat, ein Kollektives Gedanken Imperium das die Welt im richtigen Klima hält. Wir sind die Temperaturfühler unserer Mutter Erde. Wir haben die Kraft das Wetter zu ändern, wir haben mehr Kraft als wir nur erahnen können. Wir wissen nur 5% über uns und allen um uns herum, nämlich fast nichts. Wir können es auch nicht begreifen, nicht heute und auch nicht in den nächsten Tausend Jahren. Aber alle haben mal klein angefangen, wir sind eben Kinder der Erde und unseres Schöpfers Gott und bleiben es auch, also ich bin es gern, und Sie?

Gehen Sie mit auf Eindeckungsreise durch den spirituellen Dschungel, betrachten mal alles von der anderen Seite aus. Nicht die Angst lässt uns neues Endecken, es ist der Mut und die Neugier die uns voran treiben lassen. Der beste Wissenschaftler ist der der keine Vorurteile hat und einfach alles auf sich zukommen lässt. Ich habe gemerkt das der Glaube Wunder vollbringen kann. Obwohl der Verstand „nein sagt" und der Glaube „ja sagt", können Sachen ans Tageslicht kommen die man nicht für möglich gehalten hätte. Aber lassen sie sich Überraschen, denn alles ist Echt, nichts ist ausgedacht. Das macht die Sache ja so faszinierend, mir selbst standen bei den Entdeckungen immer wieder die Tränen in den Augen. So gerührt war ich, das ich es kaum beschreiben konnte.

Aber lesen Sie selbst, ich wünsche ihnen angenehme Unterhaltung und ihr Wissen, im spirituellen, gesundheitlichen u.v.m wird sich um einiges vergrößern.

Eurer Lutz Brana

Sünden

Kleine Sünden straft Gott gleich, die großen Sünden später, so heißt ein Sprichwort das fast ein jeder kennt. In meinen Leben hat sich so manches merkwürdiges zugetragen. Wer meine Bücher gelesen hat, kennt die Geschichte mit den „Freitag den 13" An diesen Tag hatte ich einen Verkehrsunfall, ausgerechnet war das der letzte Arbeitstag, danach hätte ich drei Wochen Urlaub gehabt. Es war an einen wunderschönen Sommertag im August, ich ahnte den ganzen Tag das irgendetwas nicht stimmt. Ich hatte so ein Mulmiges Gefühl in der Magengegend. Als ich Feierabend hatte ging ich rüber zum Parkplatz, ich konnte nicht wie gewohnt mit meinen Moped einfach nach Hause fahren wie es jeder machen würde. Ich wusste da kommt etwas auf mich zu, und ich wollte es verhindern. Nach langen warten beschloss ich dann doch zu fahren, was blieb mir auch übrig. Ich fuhr übervorsichtig und langsam. Aber dann an der dritten Kreuzung..... aus dem nichts stand ein blaues Auto direkt vor mir und ich fuhr fast ungebremst in die Fahrertür hinein. Das Auto kam aus einer Nebenstraße heraus und die Fahrerin blieb einfach stehen, als sie mich sah. Da lag ich nun, meine Nervosität und Anspannung verflogen und ich wurde schläfrig. Bei den Aufprall brach ich mir das linke Bein, den Oberschenkel, ein glatter Durchbruch. Ich kam ins nächste Krankenhaus, die alles Röntgen und schon für den nächsten Tag einen Operation planten. Sie wollten den Bruch mit einen Nagel verbinden so das ich wieder, spätesten in einer Woche laufen konnte. Alles so gut, aber dazu sollte es nicht kommen. Die Operation am übernächsten Tag, verlief für mich sehr dramatisch, denn ich bin fast an Blutverlust gestorben. Ich wachte in der Intensivstation auf und die Krankenschwester meinte nur ich habe einen großen Schutzengel bei mir gehabt. Ich habe sehr viel Blut verloren, so viel das ich es fast nicht mehr geschafft hätte. Alles wegen einer einfachen OP, am Oberschenkel? Nun das sollte noch nicht alles sein, ich wäre nicht Lutz Brana wenn mal etwas einfach wäre. Es kommt noch viel schlechter. Ich weiß nicht wie viel Blut ich bekommen habe, ich habe die Beutel nicht mehr gezählt. Ich weiß nur noch ich sollte nach einer Woche aufstehen und das viel mir merklich schwer. Den laufen konnte ich nicht mehr, denn das Bein das Operiert wurde war steif geworden. Die Ärzte unternahmen so vieles aber es half nichts. Sie schafften mich in den OP-Raum und gaben mir eine Narkose, um dann mit drei Pflegern das Bein mit Gewalt in Bewegung zu bringen. Sie schafften es nicht, ich hatte schon Angst die brechen es mir. Tage später fuchtelten sie mit Spitzen unter meiner Kniescheibe -rum, um dort eine Flüssigkeit heraus zu ziehen die anscheinend dafür sorgte das mein Knie steif war. Es folgten viele, viele Wochen Massage und Wassertherapien. Nach Wochen erste kleine erkennbare Errungenschaften. Ich konnte Entlassen werden und die Therapie zu Hause fortführen, alles in allen ich war sage und schreibe über vier Monate krank! Erst Mitte Januar konnte ich wieder auf Arbeit gehen, der Urlaub war inzwischen verfallen.

Diese Schicksalsgeschichte lies mich nie in Ruhe..., ich wusste Schicksale kann man nicht umgehen, oder verhindern. Nach vielen, ja vielen Jahren überlegte ich mir die Geschichte immer wieder, wenn das mein Schicksal war, „Warum"?

Ja ich wusste die Lösung, die Lösung war recht einfach und lag in meiner Kindheit. Als Kind lebte ich mit meinen Eltern auf dem Dorf, wir hatten so manches Getier, so auch Hühner. Meine Aufgabe war es die Hühner am Abend noch bevor es dunkel wurde, in den Stall zu treiben. Damit der Fuchs sie nicht stiehlt. Es gab Tage da waren die Hühner vernünftig und gingen ohne viel Stress einfach in die kleine Luge in den Stall hinein. Aber es gab auch Tage, da waren sie störrisch wie die Esel, die wollten einfach nicht hinein gehen. Ich schimpfte und suchte mir einen Stock damit ich sie besser rein treiben konnte. Aber je nervöser ich wurde, desto nervöser wurden die Hühner. Die Hühner Gackerten, flogen in die Lüfte und anstatt in die Luge hinein zu laufen, machten sie zwanzig Zentimeter vor der Luke eine abrupten Abbieger nach links ins dunkle Gebüsch. Ich war mit mit meinen Nerven am Ende und mich packte die Wut, die Kraft überkam mich mit aller Gewalt die Hühner in den Stall zu befördern. Ich erinnerte mich wohl an die drei Musketiere, der Stock mein Schwert und ich jagte die Hühner. Den Stock schleuderte ich auf die Beine, damit sie nicht mehr laufen konnten, eine, zwei und drei......dann sah ich, was hatte ich bloß angestellt. Hühner hinkten in den Stall. Jetzt taten sie mit Leid, für einen Moment war ich wie mein Vater, der mich auch immer schlug. Ja und das kam nicht nur einmal vor, zu viel leider. Und da sage mal jemand das wir nicht voll verantwortlich sind für unser Handeln. Viele Jahre später lag ich nun mit einen gebrochenen Bein im Krankenhaus und kann nun über meine Sünden nachdenken. Das was du austeilst wirst du einstecken müssen, ob du willst oder nicht. Da bin ich mir ganz sicher, das Gott mir einen Denkzettel fürs Leben mitgeben wollte und das hat er auch geschafft. Das heißt nun; wenn dich jemand schlägt hast Du nicht das Recht wiederum anderen Leid zuzufügen. Auch in der Kindheit schon sind wir für unsere Sünden verantwortlich, nicht erst im Er-wachsenenalter. Die kleinen Sünden straft Gott und die großen noch viel mehr, da bin ich mir sicher. Egal welche

Aufgabe wir beauftragt bekommen, diese ist mit größter Sorgfalt auszuführen.

Ich habe fast dreißig Jahre gebraucht um nur heraus zu finden warum mir dieses Schicksal ereilt hat. Warum? Ich war so blind und gab anderen die Schuld an den Unfall und übersah völlig, das ich selbst an allen Schuld war. Wir sind für unser Leben selbst verantwortlich, das Gesetz der Resonanz zeigt deutlich, wir sind was wir sind.

Seele & Tod

Entsprungen aus dem riesigen Ozean des Wassers und allen sein, kommt eine Wassertropfen auf die Welt. Auf der Erde soll es Erfahrungen sammeln und das Leben begreifen. Um auf der Erde alles kennen zu lernen braucht es viel Zeit, aber das kennt der kleine Wassertropfen noch nicht. Der Wassertropfen erlebt zum ersten mal was Tag und Nacht ist, es ist in den Wolken und die Reise beginnt weit oben über der Erde. Irgendwann sind die Wolken so schwer, das aus ihnen Regentropfen fallen, so auch der kleine Wasser-tropfen. Es fällt auf die Erde und sickert in die Erde hinein, es macht Bekanntschaft mit der Erde. Der Tropfen nimmt Minerale auf und andere Bodenstoffe. Das Abenteuer geht weiter. Es wird von einer Baumwurzel aufgesaugt und wird nun auf magischer Weise mit hohen Druck in schmale Röhren gedrückt, auf dem Weg nach oben. Es ist dunkel, aber irgendwann wird es hell, ein grünes Licht scheint dem Wassertropfen entgegen. In diesen Blättern spaltet sich jetzt der Tropfen Wasser, die Mineralien wurden aufgebraucht bis hier hin, die Sonne erwärmt den Tropfen und es beginnt sich aufzulösen. Als Wasserdampf beginnt jetzt der Weg wieder nach oben in den Himmel, wo das nächste Abenteuer wartet. Der kleine Wassertropfen hat lägst vergessen wo es einst herkam und wo es hingehen soll, es lässt sich treiben von einen zum nächsten Abenteuer. Wieder und wieder fällt es zu Boden und wird von den schönsten und herrlichsten Blumen aufgenommen..... und wieder und wieder geht es in den Himmel, genau so ist es mit unserer Seele.

Wir sind auf der Erde um zu lernen und um zu dienen, jedes Leben ist ein Abenteuer. Jeder Mensch bekam in seinen Leben, Gaben und Talente auf den Weg, finden wir diese nicht und schöpfen unser Potenzial nicht richtig aus, wird unsere Reise niemals enden. Bis wir uns selbst gefunden haben und alle Gaben und Talente voll ausschöpfen, erst dann ist unsere Aufgabe auf der Erde vollbracht. Die Seele kommt aus dem unendlichen Weiten das Universum, noch bevor es das Universum gab. Die Seele ist es, die den Geist erwachen lässt und der Geist ist das was zuerst in den Körper Einzug nimmt. Ohne Seele kann kein Körper wirken und einer Sache nachgehen, der Geist erhält den Körper am Leben ist aber von der Seele abhängig. Es sind immer drei Komponenten erforderlich um schöpferisch Tätig zu werden. Jedes Organ besitzt sein eigenen Geist und alles ergibt einen großen Geist, das mit „Allen" zusammen arbeitet. Ist ein Organ krank, so muss der Geist des Organs geheilt werden. Der Geist hat eine Bestimmung die Aufgabe die es erhalten hat vom Schöpfer, der sich das ausgedacht hat.

Die Seele ist in jeden Lebewesen im Universum, ohne Seele wird ein jedes Lebewesen krank und geht ein. Bei einen Baum sitzt die Seele im untersten Teil des Stammes, bei den Menschen in der Mitte des Körpers, in der Brust. Die Seele hat alle Informationen aus allen vergangenen Dasein und unsere „Lebensaufgabe" für das jetzige und die nächsten Leben. Denn alles was wir im letzten Leben erreicht haben, wird uns in diesen Leben helfen, um die nächsten Leben stark zu beeinflussen.

Der äußere Ausdruck der Seele ist die Aufmerksamkeit, die normal im ganzen Körper zerstreut ist und über die fünf Sinne Sehen, Hören, Riechen, Schmecken und Fühlen in die Welt hinausgeht. Um sich des inneren Lichtes und Klanges bewusst zu werden, müssen wir unsere Aufmerksamkeit von der Welt außen abziehen und am Sitz der Seele sammeln. In der Bibel nimmt die Seele naturgemäß den wichtigsten Stellenwert bei der Existenz des Menschen ein.

1Mo 9,4 Nur esset das Fleisch nicht, während seine Seele, sein Blut, noch in ihm ist! **3Mo 17,14** denn alles Fleisches Seele ist sein Blut; es ist mit seiner Seele verbunden. Darum habe ich den Kindern Israel gesagt: Ihr sollt keines Fleisches Blut essen; denn alles Fleisches Seele ist sein Blut. Wer es aber isst, der soll ausgerottet werden. Dass alle Seelen dem Herrn gehören, ergibt sich entsprechend der Einheit allen Daseins im das All verkörpernden Herrn und Gott. Dieser Einheit allen Seins hat sich naturgemäß alles Seiende willig anzuschließen und zu fügen. Wer sich jedoch dem alles verkörpernden Herrn verschließt, beraubt sich so seiner Daseinsgrundlage, und hat sich damit selbst dem Tode preisgegeben. In seiner Gottebenbildlichkeit hat jeder Mensch das Recht und die Pflicht über sich selbst und damit über das Leben seiner Seele zu entscheiden. Die alles entscheidende Ursünde ist aufgrund dessen die Abkehr von der Daseinsgrundlage, mit der die Seele notwendigerweise ihr Leben einbüßt. **Hes 18,20** Die Seele, welche sündigt, die soll sterben! Der Sohn soll nicht die Missetat des Vaters mittragen, und der Vater soll nicht die Missetat des Sohnes mittragen! Auf dem Gerechten sei seine Gerechtigkeit, und auf dem Gottlosen sei seine Gottlosigkeit! Wenn man sich zu einem personalen Umbau an sich selbst entschließt, um so z.B. aus einem unreifen gewissenlos leichtsinnigen Typen einen verantwortungsbewusst reifen Menschen zu machen, dann geht das nicht ohne Arbeit an der Seele. Zum Beispiel gibt da eine spirituelle Bekehrung dem Lebenslauf eine neue andere Richtung, was direkten Einfluss auf die den Lebenslauf vergegenständlichende Seele nimmt. Nach dem allzeit gültigen Prinzip von Ursache und Wirkung wird dabei ein wechselwirkender Prozess in Gang gesetzt, der um beim Bekehrungsbeispiel zu bleiben, die Seele Gott dem etwas näher bringt. Dadurch wiederum gerät die Seele vermehrt in den ebenfalls wechselwirkenden Einflussbereich des Herrn, sodass insgesamt eine tiefgreifende seelische Veränderung der Person stattfinden wird. Höhepunkt einer solchen Entwicklung wäre schließlich die widmende Opferung, der eigenen Seele an die bedürftige Allgemeinheit. Indem Gott das Universum in Person ist, diente damit die Seelenhingabe seinem Selbst- und Schöpferinteresse, was dann den Betreffenden adelnd bildlich gesprochen sozusagen als Knecht Gottes zum Ritter Gottes schlagen würde.

Wo ist nun der Sitz der Seele?

Da gibt es viele verschiedene aussagen, die einen meinen im Gehirn (Zirbeldrüse) die anderen im Herz, in der Brust, im Blut und die anderen im Bauch.

Im Blute hat die Seele ihren Sitz nach den *Hebräern* (vgl. über den Kopf als Seelensitz: Daniel 2, 28. 4, 2). Das Hirn als Seelensitz sollen schon die *Ägypter* betrachtet haben, vielleicht aber auch das Herz. Der Pythagoreer Alkmaeon verlegt den Seelensitz in das Gehirn. Nach Krittas hat die Seele ihren Sitz im Blute. Plato verlegt den *nous* in das Haupt, den *thymos* n die Brust, das *epithymêtikon* in den Unterleib. Nach Aristoteles ist der Sitz der empfindenden Seele das Herz. Nach Hillebrand hat die Seele keinen »Sitz« im Leibe (Philos. d. Geist. I, 111). Sie ist überall im Leibe gegenwärtig. In allen alten Kriegs Erzählungen beschrieb man, wie der Gegner am Besten zu Tode kommt. Meist wollte man den anderen seine Seele zerstören, damit er nicht wieder zurück auf die Erde kommt. Bei den einen saß die Seele im Herzen, darum stach man ins Herz, bei anderen war der Sitz der Seele im Bauch, also stach man mit den Schwert in den Bauch. Im Asiatischen Raum ging es noch eine Stufe schlimmer. Den Bauch schnitt man auf, weil er im Buddhismus als der eigentliche Sitz der Seele galt. Man offenbarte in diesem letzten Akt sein wahres Innerstes.

Die Seele löst sich gewöhnlich aus dem Körper aus der Brustgrube (Solarplexus) heraus. Zunächst bleibt sie aber mit der sog. „Silberschnur" noch an den physischen Körper gebunden. Dies schildert ein Verstorbener namens Franz Muckler durch ein Medium aus dem Kreis von Prof. Schiebeler folgendermaßen: Beispiel: Bei Bauarbeiten als Maurer fiel mir ein schwerer Stein auf den Kopf. Ich habe dann fast ein Jahr krank zu Bett gelegen. Ich war nicht enttäuscht, als ich starb. Es war für mich eine Erlösung. Ich hatte furchtbare Kopfschmerzen, war aber zeitweise auch ohnmächtig. Bei meinem „Tod" trat ich aus meinem damaligen Körper aus. Es war aber sehr seltsam. Ich hing immer noch an einem Band. Plötzlich war es zerrissen, und seitdem bin ich in dieser Welt. Das Band ging von meinem jetzigen Kopf aus zu dem Bauchnabel des irdischen Körpers. Es war etwa so dick wie ein Klettertau in einer Turnhalle und von gelblicher Farbe, wie mir schien. Den Augenblick des Zerreißens habe ich nicht bewusst erlebt. Ich war wohl einen Augenblick bewusstlos.

Dr. K. Nowotny teilte über seine Erfahrung mit dem Sterbevorgang durch ein Medium mit: Was die Menschen als Todeskampf bezeichnen, ist die mehr oder weniger rasche Loslösung des Geistwesens vom materiellen Körper. Ich musste immer wieder zu meinem Körper zurück-kommen. Das war dadurch bedingt, dass das Lebensband nicht so schnell gelöst ist, wenn auch das Geistwesen schon frei geworden ist. Alle diese Vorgänge sind nicht willkürlich, sondern nach feststehenden Gesetzen und für jeden Menschen vorausbestimmt.

Die aus dem Körper entweichenden Seelenteilchen werden oft wie eine nebelartige, zunächst formlose, dichter werdende Dunstmasse beschrieben, aus der sich nach unterschiedlich langer Zeit dann den Seelenkörper bildet. Die dunstartig wirkenden Seelenpartikel treten anfangs zunächst noch ziemlich formlos aus. Hellsichtige können evtl. sehen, wie die Seele den materiellen Körper verlässt. Sogar durch Fotografien konnte der Prozess der Gestaltbildung der Seele beim Sterben schon festgehalten werden. 1908 fotografierte Dr. med. Baraduc (Paris) die Leiche seines Sohnes. Das Bild zeigt eine Nebelschicht, die dem Körper wie eine Seele(Gestalt) entstieg. Spiritismus, Jesus erklärt, wann und warum bei manchen Sterbenden nicht gleich eine klare Seelengestalt, sondern zunächst nur eine nebelartige, diffuse Wolke zu sehen ist. Die Nebelform ist eine Folge der großen Beklommenheit der Seele im Moment des Scheidens, in welchem sie vor lauter Furcht und Entsetzen auf einige Augenblicke ganz bewusstlos wird. Es ist eine außerordentliche Tätigkeitsanstrengung der scheidenden Seele, sich zu erhalten in ihrer sich selbst bewussten Existenz. Alle ihre Teile werden in eine außerordentlich heftige Vibration gesetzt, dass darob auch das schärfste geistersehende Auge irgendeine bestimmte Form nicht entdecken kann. Wenn die Seele im Moment des Austritts aus dem zerstörten, zerrissenen und fürderhin nicht mehr brauchbaren Leibe, so vibriert sie in oft eine Spanne langen Schwingungen, und zwar so schnell, dass du tausend Schwingungen (ca. 1 kHz Austrittsschwingung) als hin und her und auf und ab in einem Augenblicke annehmen kannst; da ist es dann während der Dauer solcher Seelenvibration dem disponierten Beschauer rein unmöglich, nur irgend etwas von der seelischen Menschenform auszunehmen. Nach und nach beruhigt sich die Seele mehr und mehr und wird dadurch auch als menschliche Form ersichtlich; tritt sie aber endlich ganz in den Zustand der Ruhe zurück, die gleich nach der völligen Ablösung eintritt, so ist sie dann auch sogleich in der vollkommenen Menschenform zu sehen, vorausgesetzt, dass sie sich zuvor durch allerlei Sünden nicht zu sehr entstellt hat.

Eine Seele wird vorbereitet, ihren Körper zu verlassen. Auch dies ist ein Prozess. Eine Seele, die nicht vorbereitet wird über sein geistigen Fenster und hat somit auch Schwierigkeiten damit umzugehen.

Beim Loslösungsprozess der Seelenteilchen stöhnt der Sterbende evtl. wie jemand, der einen schweren Traum hat. In der Brustmitte ist ein Vibrieren zu merken. Auch solange der eigentliche Tod noch nicht eingetreten ist, kann sich bereits über dem Körper des Sterbenden eine fertige Gestalt bilden. Sie ist mit einer ca. fingerdicken Verbindung (sog. Silberschnur) noch mit dem materiellen Körper verbunden. Schmerzhaft erscheinende Zuckungen des Sterbenden hängen evtl. mit Verkürzungen oder Verlängerungen dieser Verbindungsschnur zusammen. Wenn der eigentliche Tod eintritt, hat sich diese Verbindung der Silberschnur zwischen dem materiellem Körper und den nebelartigen Seelenteilen gänzlich gelöst. Der untere Teil dieser Verbindung am Sonnengeflecht des Sterbenden wird von Hellsichtigen wie ein Gewächs mit sehr vielen Wurzelfasern beschrieben. Der sterbende sieht den Raum in einen anderen Licht, ein sanftes, ruhiges voller Liebe, weiches Licht.

Lukas: Im Normalfall, in den meisten Fällen des Sterbens, empfinden Seelen eine unglaubliche Freiheit und Harmonie, die sich in einem Gefühl der Allwissenheit steigern kann, je nachdem wie fortgeschritten eine Seele ist. Nach der Ablegung des physischen Körpers steht ihr das gesamte kosmische Bewusstsein ihres Seelenleibes zur Verfügung.

Lukas: Das ist es, was eine sich ablösende Seele so dringend benötigt. Die Schwingungen der Liebe, der Annahme und des Mitgefühls sind es, die von helfenden

Menschenseelen dieser sich ablösenden Seele übermittelt werden. Denkt einmal an Eure Kindheit, als Ihr krank und hilflos in Eurem Bettchen gelegen habt. Hättet Ihr damals keine liebevollen Zuwendungen erhalten, so wäre es Euch schlecht ergangen. Alles wiederholt sich und ist durchaus vergleichbar. Wie im kleinen, so im großen. Viele Seelen besitzen einen krampfhaften Willen, an dem irdischen Leben zu haften und hier zu verbleiben. Häufig bedarf es dann einer längeren Zeit des Ablösungsprozesses aus diesem Bereich, verbunden mit vielen Schmerzen. Andere Seelen, die über die Existenz des Weiterlebens wissen, können sich viel einfacher und leichter von ihrem materiellen Körper und der materiellen Welt verabschieden. Der Ablöseprozess ist nicht immer einfach. Viele Seelen leiden darunter, dass sie diese Welt verlassen müssen und verharren im Irdischen und folgen nicht den Seelen, die sie ins Licht geleiten wollen. Selbst vertraute Gesichter lehnen sie als Trug und Scheinbilder ab. Sie können es nicht fassen, dass die Außenwelt sie nicht mehr wahrnimmt. Sie verstehen nicht, dass sie ein Trugbild ihres eigenen Seins sind. Es braucht manchmal sehr lange, solche Seelen auf das vorzubereiten, was das wahre Leben beinhaltet.

Dann gibt es Menschenseelen, die sich zu Lebzeiten auf Erden mit dem Geistigen Reich beschäftigten und nach beweisen suchten. Beweise dafür, dass es ein Weiterleben gibt. Diese haben nicht nur tagsüber geistige Lehrer bei sich, sondern auch in der Nacht, weil diese Schulungen am wichtigsten sind. Für solche Menschenseelen ist der Übergang sehr schön und ein wunderbares Erlebnis, eine Symphonie in Licht und Farbe.von Lukas

„Es ist sehr wichtig, dass die Menschen wissen sollten, dass, wenn sie die Erde verlassen, sie sofort in eine andere Welt hinüberwechseln, und dass sie sich dann in einer Umgebung befinden, die der Art und Weise ihres Erdenlebens angepasst und nicht unbedingt angenehm ist."

Ein Mann der mit 77 Jahren gestorben war und durch ein Medium sprach; als ich auf der anderen Seite war, fühlte ich mich so befreit. Mein alter Körper der schmerzen verursachte und steif geworden war, fühlte sich an wie mit vierzig Jahren. Ich konnte es kaum fassen und sprang herum wie ein Kind........

Viele Menschen (die meisten von uns!) denken an den Tod der verhaftet ist mit Abschied nehmen, Endgültigkeit und Trauer. <u>Doch genau das Gegenteil ist der Fall!</u> Alles begann vor ca. fünftausend Jahren und am schlimmsten hat uns das Mittelalter zugefügt. Durch viele Zeichnungen vom Tod, den Knochengerippe. Heute noch auf Tarot Karten zu sehen. Nach und nach hatten Menschen immer mehr Angst vorm Tod, das überhaupt nicht sein muss. Die Kirche nutze die Angst der Menschen aus, um mehr Macht auszuüben. Praktisch alle nutzten die Angst vor dem Tod, um Macht auf die Menschen auszuüben. Jesus Christus war der erste der dem ein Ende bereitete. Er wusste was kommen wird, wie jeder von uns und sich freute zum Vater zu kommen.

Wir sind über die Jahrhunderte von diesem Leitsatz und von dieser Endgültigkeit geprägt. Viele glauben nicht an eine „Himmelspforte", die sich auftut für Eure Seelen. (alles nur Märchen?) die meisten unter uns zweifeln an dem Göttlichen, zweifeln an Gott, weil viele nicht glauben, dass dies alles existiert. Wir haben kein Vertrauen in unseren eigenen Empfindungen und Gefühlen und sind nicht bereit, genauer hinzusehen und zu spüren, was unsere Seele und unser göttlicher Kern mitteilen will. Wir sind Zweifler und leben in einer Welt der Illusion und merken es nicht! Wer seine Seele sucht, der sollte genau in sich hinein horchen. Die Seele sitzt in unserer Brust, darum legen wir gern unsere Hände auf die Brust. Wir Beten mit gefalteten Händen vor der Brust. Bei der Beeidung von Staatsverträgen wird die rechte Hand auf die Brust gelegt. Dasselbe gilt bei Schwören, wie im alten Orient, außer in Griechenland da berührt man die Haare, weil die Griechen dort den Sitz der Lebenskraft vermuten. Die Römer pflegten bei einen Gelübde ebenfalls mit den Händen die Brust zu berühren. Die Seele sitzt in der Brust, weil es dort dem Herzen am nächsten ist und genau hier die wichtigsten Organe sind wie zum Beispiel die Lunge. Nicht umsonst sagen wir; hör auf dein Herz, weil da die Seele sitzt.

„Das Volk, das in Finsternis saß, hat ein großes Licht gesehen; und denen, die saßen am Ort und im Schatten des Todes, ist ein Licht aufgegangen."
Matthäus 4,16

Falsche Talente

Es gibt Leute die spielen uns vor „jemand" zu sein, das sie gar nicht sind. Das kennen wir aus Fernsehen und anderen Medien. Da sind Leute so wie sie und ich, die kommen aus dem nichts und machen eine Kariere, von Null auf hundert. Innerhalb von wenigen Monaten sind sie bekannt, wenn nicht sogar sehr berühmt und sehr Reich. Ich denke gerade an die immer in Schwarz gekleideten Menschen wie zum Beispiel die Magier. Niemand kennt sie, es waren kleine Zauberer die mit Tricks und mit der Illusion arbeiteten. Die jeder nachmachen kann, wenn man weiß wie die Tricks funktionieren. Aber da gibt es Magier die können durch Wände gehen (Chinesische Mauer) oder durch die Lüfte schweben über Menschen hinweg, und keiner kommt auf das Geheimnis, wie die das machen. Die fahren mit verbundenen Augen mit den Auto durch Städte und können mit den Händen durch Glas fassen ohne das es kaputt geht. Sie arbeiten in schwarz, am liebsten im Dunkeln und mögen Feuer über alles. Tragen auch viel Schmuck an sich, magische Amulette und Ringe. Anscheinend sind sie in der Lage zwischen verschiedenen Dimensionen zu gehen und zu arbeiten, indem sie sich selbst in eine andere Dimension verwandeln können. Sie haben absolut keine Angst auch nicht in großer Höhe auf Hochhäusern zum Beispiel. Sie sind in der Lage die Anziehungskraft der Erde für einige Zeit auszuschalten. Sie können praktisch alles was sie wollen und die Macht dazu haben sie sich erkauft. Sie lieben alles in Schwarz, um damit zu arbeiten.

Das sind meist Menschen die allein leben, ohne Frau und Kinder. In die Kirche gehen die bestimmt nicht, viele Menschen sind ja so begeistert von den modernen Zauber-künstlern oder sollte man lieber „modere Hexen" sagen?

Aber wo die Macht herkommt, das fragen sich die wenigsten, viele eifern denen nach und wollen genau so werden wie die großen Zauberkünstler. Niemand fragt sich, „wie", es kann nicht sein das ein Mensch frei schweben kann in einer Höhe von mehr als 50zig Meter über einen Turm. Hier sind Mächte im Spiel die übernatürlichen Ursprungs sind, garantiert. Da geht es Menschen eben nicht schnell genug mit der Karriere und da wird ein wenig nachgeholfen. Mit schwarzer Magie natürlich, wie sonst. Alle Fakten Beweisen es eindeutig. Diese Menschen verkaufen ihre Seele an Satan um schnell Ruhm, Macht und Reichtum zu erlangen. Nicht nur Magiere machen das, auch große Bosse von Konzernen auch Künstler, Schauspieler, Politiker, Regierungsbeamte bis zur höchsten Spitze die viel Macht und Reichtum wollen, machen das. Da gibt es Sänger die können gar nicht besonders Singen und sehen auch nicht besonders schön aus, aber die schaffen es in kürzester Zeit Reich und sehr berühmt zu werden. Andere die rackern das halbe leben, geben alles und schaffen nie das was andere in kürzester Zeit geschafft haben.

All diese Menschen ermächtigen sich der schwarzen Magie, machen Rituale und verkaufen ihre Seele an Satan. Weil sie Denken die Menschen leben nur einmal! Das stimmt nicht, wir werden wieder geboren und das Schicksal wird uns ereilen. Alles was wir im letzten Leben gesät haben, werden wir im diesen leben ernten. Das wir heute sähen werden werden wir im nächsten leben ernten und so weiter. Wer seine Seele verkauft, wird die nächsten 100 Jahre den Satan dienen müssen, denn umsonst gibt es nichts, denn das ist nicht zum wohl anderer Menschen, sondern dient einzig und allein den eigenen Interessen, also schnell Reich und Berühmt zu werden. Hier wird nur an sich gedacht, nicht an andere Menschen, Brüder und Schwestern. Es ist wie in der

Geschichte das Kalte Herz, wahrscheinlich keine Erfindung, sondern total ernst gemeint, und zur Mahnung gedacht wie alle Märchen.

(Das kalte Herz ist ein Märchen von Wilhelm Hauff erschienen um 1827.)

Auszüge aus den „Das Kalte Herz"

Von einen Waldgeist, einen Glasmännlein möchte er Ruhm und Geld, aber dafür verlangt das Männlein sein Herz.

Er möchte besser tanzen können als der „Tanzbodenkönig" und im Wirtshaus immer soviel Geld in den Taschen haben wie Ezechiel. Beide sind Peters zweifelhafte Vorbilder. Sein zweiter Wunsch ist allerdings vernünftiger: Peter wünscht sich eine stattliche Glashütte mit genug Kapital, sie zu führen.

Dafür soll Peter einen kalten Stein in die Brust und zunächst 100.000 Taler bekommen, er könne aber jederzeit wiederkommen, wenn er mehr Geld brauchte. Am nächsten Tag beginnt Peter eine Weltreise.

Bald muss er feststellen, dass er sich an nichts mehr erfreuen kann, dass er nicht mehr lachen und weinen kann, keine Liebe empfindet und nichts mehr schön ist. Sein neues Herz aus Stein kann an nichts Anteil nehmen.

Er kehrt in den Schwarzwald zurück und geht zum Holländer-Michel, um sein Herz zurückzufordern. Michel verweigert den Wunsch mit dem Hinweis, dass er sein Herz erst nach dem Tod wieder erhält. Er zeigt Peter seine Herzen sammlung, und dieser erfährt so, dass auch viele andere „große Persönlichkeiten" des Schwarzwaldes, darunter auch Peters Vorbild Ezechiel, ihre Herzen bei Michel gegen den schnöden Mammon eingetauscht haben.

Umsonst gibt es nichts, niemand bekommt einfach Geld und Ruhm oder Talente geschenkt, ohne Gegenleistung.

Viele Menschen die große Erfolge uns zeigen, arbeiten mit Geistwesen zusammen. Da gibt es „Gute" und da gibt es „Böse", je nach dem mit wem man sich einlässt. Das hängt davon ab, ob wir mit der schwarzen oder weißen Seite arbeiten wollen. Wir allein bestimmen ob „Gut oder Böse". Durch bestimmte Rituale können diese herbei beschwört werden. Menschen die an Shows teilnehmen, können so in Kontakt mit den dunklen Mächten kommen, ohne es zu wollen und auch von dunklen Mächten Besetzt werden. Die dunkle Seite gibt einen nicht umsonst eine Gabe, das machen sie natürlich nicht als Spaß, sondern um neue Opfer zu finden. Die Magier leisten demnach gute Arbeit, denn die sorgen so für Nachschub für die dunkle Seite. Denn seine Geistführer sind immer bei den Magier, um ihn zu unterstützen und zu assistieren wo es nur geht. Ein Magier hat viele Geisthelfer auf der anderen Seite, die mit ihren Kräften von der anderen Seite aus, große Dinge einfach verschwinden lassen können und auch wieder sichtbar machen können. Oder eben Dinge von A nach B transportieren können und den Magier schweben lassen können. Die Magier glauben fest das niemand das Wissen hat, da haben die sich aber getäuscht. Es gibt genug Leute die das Wissen besitzen, leider nur wenige Leute die die Finger davon lassen sollten. Denn Geld, Ruhm und Macht haben schon so manchen schwach werden lassen. Aber nicht nur Magier, auch ganz gewöhnliche Menschen können schnell da rein rutschen, ohne es zu wollen. Selbst schon bei Jugendlichen kommt das immer wieder vor. Immer wenn die Liebe in einer Familie gestört ist und alles so richtig den Bach runtergeht. Scheidungskinder, Kinder von Drogen oder Alkoholsüchtigen Eltern zum Beispiel. Gewalt in der Familie und nur noch Stress, da finden viele kein Ausgang mehr. Dann bricht für viele die Welt zusammen, das ist der

Moment wo die dunkle Seite zuschlägt. Dann hat sie den Zugriff auf den Körper und Geist. Ohne das zu merken begibt man sich auf die dunkle Seite, die Gedanken sagen sich von der Familie los. Dadurch das man alles loslässt und sich von allen entsagt, hat man keinen eigenen Willen mehr und die dunkle Seite ist bereits in deinen Kopf. Das ist der Moment wo sich ein Mensch auf einmal schlagartig ändert, aber nicht zum positiven eher zum Bösen hin. Entweder die neue Macht beschert ein alles was man will, Erfolg, Geld, Ruhm alles egal was man macht, es gelingt auf einmal alles. Man Denkt das was ich mache ist richtig, aber die Quittung kommt eher oder später. Es soll auch Menschen geben die mit voller Absicht, Rituale machen und Luzifer zu sich holen. Dies geschieht durch Opferrituale, Satan liebt Blut über alles. Das sind die stärksten Rituale die es auf der Welt gibt, wer auf solche Rituale stößt die mit Hilfe mit Blut durchgeführt werden, sofort weiten Abstand halten. Irgendwann kommt der Tag der Abrechnung, man merkt da stimmt was nicht mit mir, alles was ich mache gelingt mir so leicht das ich mich nicht anstrengen muss dafür. Der eigene Kampfgeist, die Freude etwas geleistet zu haben fehlt. Das Herz ist leer und die meisten Menschen verfallen den Alkohol, den Drogen und werden schwer krank. Viele Menschen die sehr Berühmt geworden sind, sind aber nicht glücklich sie sind krank, abhängig, auch wenn sie es nach außen nicht zeigen. Gefühlslos, denkfaul nur eine Maschine. Gehört haben wir das alle schon. Den Menschen kann geholfen werden, wenn sie es nur wollen.

Womit endet alles, wenn wir der dunklen Seite gedient haben und für kurze Zeit viel Geld und Macht, ansehen und berühmt geworden sind? Mit Drogen oder Alkohol -abhängigkeit und schwerste Krankheiten überschatten das Leben. Alle Freunde haben längst das weite gesucht, nur ein paar falsche Freunde sind noch da, die nur etwas vom Kuchen abhaben wollen. Von wem kommen den Drogen? Klar vieles was uns krank macht und Abhängig macht, kommt von der Unterwelt, woher sonst!

Im besten Fall leben wir bis zum Lebensende und gehen dann nach unseren Tod in die Unterwelt, die Hölle um Satan weiter zu dienen.

Dunkle Mächte aus der Unterwelt locken uns mit Zucker, Macht und viel Geld, um uns dann nachdem wir neue Kunden gebracht haben, einfach weg zu werfen. Wie Abfall werden wir benutzt, mehr sind wir nicht Wert in der dunklen Welt da unten. Leider Denken so viele nicht an die Konsequenzen daraus, glauben man kann alles machen was man möchte, aber dem ist nicht so. Wir sind allein für unser Handeln verantwortlich, denn durch diese Taten haben sie noch mehr Seelen Satan überbracht, auch für diese sind sie jetzt Verantwortlich.

Rettung kann in einen solchen Fall nur durch unseren Erretter „Jesus Christus" kommen, niemand sonst kann in einer solchen Ausweglosigkeit helfen. Menschen die sich Satan verbünden, können weder in eine Kirche gehen, noch in einer Bibel lesen. Jetzt hilft nur noch die Einsicht, das alles Leid was man erlebt nur von einen bestimmten Person kommt, und zwar „Satan".

Jesus Christus nimmt deine Sünden auf sich, er ist der Erretter deiner Seele, aller unserer Seelen auf der Welt. Befreiungsgebete helfen aus dem Packt mit den Teufel raus und weg zu kommen und sich endgültig vom Bösen zu Befreien.

Raum & Zeit

Im ersten Buch Engel, Energie und Heilung schrieb ich bereits, das seit der Zeit als Adam & Eva lebten, sich nichts geändert hat. Außer der Tatsache das Jesus Christus als erster Mensch die Verbindung zu unseren Gott hergestellt hat und unsere Sünden auf sich genommen hat. Zeit gibt es nicht, ein Sandkorn am Meer ist die Zeit der Menschen vollkommen egal, und hat nichts mit dem Leben eines Sandkorns zu tun. Wenn sich etwas ändert dann sind das äußere Einflüsse die dafür Verantwortlich zu machen sind, aber nicht die Zeit. Wenn wir verstehen das alles unendlich ist, dann bedarf es auch keine Zeit. Alles ist wie eine Fahrradkette, jedes Glied kommt immer wieder und immer wieder. Nicht die Zeit ändert das sein, es sind die Ereignisse die dafür sorgen dass, das was passieren muss. Fehlt ein Ereignis, so kann nicht passieren was geschehen soll. Der Mensch erfand die Zeit, damit er die Zeit besser ausdehnen kann und nicht die Zeit besser zu nutzen. Wenn wir den ganzen Tag Zeit haben, wird in der Regel weniger als hätten wir wenig Zeit. Aber das liegt nicht an der Zeit, sondern an unserer Einstellung. Menschen die viel schaffen, arbeiten nicht mit Zeit sondern planen den Tag bis zum Abend hin. Ein Beispiel; Sie fahren eine Strecke von A nach B in einer Stunde, diese Zeit kann unendlich lange sein, oder auch kurz sein, es kommt auf die Umstände an. Es gibt Menschen die fahren mit den Auto bis tausend Kilometer weit, ohne Probleme, so wie ich. Als ich das erste mal gefahren bin war der Weg unendlich. Siebzehn Stunden fahren, mit ein paar kleinen Pausen drin, von maximal zehn Minuten. Eine richtige Quälerei kann ich ihnen sagen, aber das alles ist reine Übung und eine reine Einstellungssache. Nicht auf das Ziel muss man sich konzentrieren, sondern nur auf das „Hier und Jetzt". Genieße jeden Meter, beobachte die Natur, das Licht. Wenn man nur im Kopf denkt und sich vollkommen auf das „Jetzt" konzentriert, gibt es keine Zeit, die Zeit steht still. Als ich das erste mal sehr weite strecken gefahren bin, hatte ich mich immer auf das Ziel konzentriert, das kein Millimeter mir entgegen kam. Ganz im gegen teil je mehr ich an das Ziel dachte desto unerreichbarer war es. Der Weg nahm keine Ende zu nehmen. Bis ich den Dreh raus hatte, bleib immer im „Hier und Jetzt" und freue dich und sei dankbar für alles.

*

Alles im Universum auch der Mensch der geboren wird ist da, um zu sterben. Es ist alles Programmiert in jeder Zelle deines Körpers. Jede Zelle regeneriert sich neu, manche in wenigen Stunden, andere in neun Monaten, andere brauchen sieben Jahre und andere wiederum brauchen unser ganzes Leben lang. somit müssten wir also unendlich Leben können. In der Bibel steht das die ersten Menschen bis zu tausend Jahre alt wurden. Heute werden sie im Durchschnitt 77 Jahre alt. Wenn sich aber jede Zelle immer wieder neu regeneriert, wer sorgt dann für den Alterungsprozess im Körper und warum? Praktisch sind wir gar nicht so alt wie wir sind, da sich Zellen immer wieder neu herstellen. Unser Körper besteht aus rund 80 Billionen Zellen. Die ständig sich erneuern und absterben. Wir altern langsam dahin, weil mehr Zellen absterben als neue hinzukommen. Und dennoch muss ich feststellen nicht im Körper noch am Körper hat etwas mit der Zeit zu tun, es ist ein Verbrauch, eine Umwandlung, Abnutzung nichts mehr. Bei vielen Menschen steht das Alter im Gesicht geschrieben, „Nein" seine Erfahrungen und Erlebnisse sein Leben, stehen im

Gesicht geschrieben, nicht das Alter. Wir werden so alt, nicht weil es die Zeit verlangt, sondern „Wie" wir gelebt haben, nur das zählt. Der Mensch glaubt immer noch er lebt nur ein Leben, dabei hat der Mensch viele, ja sehr viele Leben, soviel das diese nicht gezählt werden können. Alle Leben sind ein Leben, nur in mehreren Körpern. Wir sind Körper, Geist und Seele, diese Dreieinigkeit kann Wunder vollbringen. Ekstase, Gefühle, Hass, Liebe, Wärme oder Kälte, Hunger oder Durst, Freude das alles kann nur mit den Körper durchlebt werden. Die Seele lernt mit Hilfe und durch den Körper, Attributen die nur so erlebt werden können. Besondere sportliche Errungenschaften kann nur der Körper vollbringen. Hellsichtigkeit oder das Hellsehen wurde mir von meiner Mutti weitergegeben, also sind das Körperliche Errungenschaften, die ich Dank meiner Eltern bekommen habe. Darum ist auch jeder Mensch so einzigartig auf der Welt, weil wir die Gene unserer Vorfahren in uns tragen. Darum ist es gut das wir nicht tausend Jahre alt werden, sondern im Schnitt 77 Jahre alt werden, weil dadurch unsere Evolution schneller voran gebracht wird. Lange Leben sind langsam, kurze Leben sind schnelle Leben, die anpassungsfähiger und ergonomischer sind. Ob durch die Umwelt oder die Geistige Entwicklung der Menschen und dem Allseinsbewußtsein. Aber die Zeit spielt keine Rolle, sondern immer die Ursache und Wirkung. Somit ist nun mal geklärt, warum nicht immer lange Leben gut sind. Die Entwicklung auf der Erde, hängt auch davon ab, wo sich unser Heimatplanet gerade befindet, wie weit ist er entfernt vom Mittelpunkt des Alls.

Der Mensch Glaubt nur was er sieht, er sieht nicht was im letzten Leben war. Das ist bedauerlich, vieles wäre etwas einfacher und nachvollziehbarer, aber die Geschwindigkeit unseres Lebens lässt uns Hochleistungen vollbringen, wir sollen vorwärts schauen und nicht zurück. Das was war, ist eine Stufe auf der Treppe unten, jetzt kommt die zweitausendvierhundertste Stufe in meinen vielen Leben. Eine Rückschau auf das vorangegangene Bestehen bringt mich nicht weiter, neugierig lernen und erleben, die Aufgaben in jeden Leben sind sehr spezifisch, aber die Aufgaben aller Leben sind gleich. Denn meine Seele inkarnierte zu einem bestimmten Zweck hier auf der Erde zu sein.

Stellen Sie sich vor, eine Eintagsfliege setzt sich auf deine Hand und Sie könnten sich mit der Fliege unterhalten. Ich frage die Fliege ob sie nicht traurig ist, das sie heute stirbt? Die Fliege sagt nein, meine Seele lebt ewig, denn alle Seelen sind aus dem ewigen Licht geboren wurden. Morgen bin ich wieder da in einen neuen Körper. Ich fragte die Fliege nach ihren Namen, ich heiße Anne. Am nächsten Tag kommt wieder eine Eintagsfliege auf meine Hand, und ich frage die Fliege ob sie nicht traurig ist, das sie nur einen Tag lebt, und sie Antwortet mir, nein morgen hab ich einen neuen Körper. Am nächsten Tag wieder das selbe, und wieder und wieder. Dann frage ich die Eintagsfliegen, sag mal bist du immer eine andere Fliege, oder immer die selbe Fliege? Ich bin Anne und immer die eine und die selbe Fliege. Meine Seele bleibt doch immer gleich, nur mein äußerliches verändert sich, bis ich mich geistig weiter entwickelt habe und meine Seele höher steigt, und dann werde ich dich als Schmetterling besuchen, das ist mein Ziel. Der Vorteil eine Eintagsfliege zu sein ist, ich werde immer leben, auch wenn die Erde heute zerstört werden würde. Ich würde Morgen schon wieder leben und der Mensch? Ein Mensch braucht tausende oder hunderttausende Jahre um bis zu seiner Geistigen Entwicklung dort zu stehen, wo sie heute stehen, „Oder nicht?"

Gott erschuf die Erde, die Menschen und die Tiere in einer Woche!
Und die Zeit spielt wieder keine Rolle sondern nur die Umstände, Ursache und Wirkung.

Da sprach der HERR: Mein Geist soll nicht immerdar im Menschen walten, denn auch der Mensch ist Fleisch. Ich will ihm als Lebenszeit geben hundertundzwanzig Jahre.

Bibel, 1.Mose 6,3

Vom Anfang der Menschheit bis zum heutigen Tag hat sich der Mensch mehr oder weniger geistig entwickelt. Aber nichts hat sich Körperlich entwickeln können. Ein Affe bleibt eine Affe und ein Mensch bleibt ein Mensch! Weil das Wissenschaftlich bewiesen ist, ein Pferd kann man mit einen Esel kreuzen, aber alle Nachkommen sind Unfruchtbar und so ist das bei jeder Gattung auf der Welt. Mal schneller mal langsam oder ging gar einen Schritt zurück in seiner Entwicklung. Alles ist und war wie am ersten Tag als uns Gott erschuf, nicht die Zeit ist die Entwicklung, sondern was wir daraus machen. Bei den Tieren ist alles gesteuert, Instinkte steuern das Leben und die Anpassung erfolgt von den äußeren Begebenheiten wie zum Beispiel den Umweltveränderungen ab. Es gibt Tiere die sind Millionen Jahre alt und genau so wie damals, weil sie perfekt sind. Andere ändern leicht ihren Körper, und passen sich der Umwelt an, da sie sich ständig ändert. (zum Beispiel den Schnabel) Es ist ganz klar Bewiesen; das durch Wissenschaftliche Untersuchungen, die menschlichen Fußabdrücke die versteinert gefunden wurden, 3.600.000 Jahre alt sind und nicht den kleinsten „Unterschied" zu unseren Füßen aufweisen.

Gesteuert von der Energie aus dem Weltall, ohne die kein

Lebewesen existieren würde. Alles wird von außen gesteuert und beeinflusst. Wir bestehen aus Billiarden von Zellen, sind Planeten auch riesengroße Zellen? Leben wir, ja das gesamte Universum in einer riesengroßen Zelle, in dem es Leben gibt und die Leben abgibt. Steckt das Weltall in einer übergroßen Blase, indem es kein rauskommen möglich ist. Zumindest nicht körperlich, nur feinstofflich wäre es denkbar die weiten des Universums zu erreichen. Unsere Erde hat einen großen Einfluss auf andere Planeten im Universum, darum wird die Erde gerade in den größten Krisen von Außerirdischen Brüdern und Schwestern besucht. Alles ist in Bewegung, Bewegung ist Leben. Die Erde dreht sich um die Sonne, um die eigene Achse und ist in einer rasenden Geschwindigkeit im Weltall unterwegs. Mit uns alle Planeten, man denkt alles steht still im Universum, aber das stimmt nicht, die Kometen die an unsere Erde vorbeifliegen sind dass vielleicht diese, die still stehen? Unsere Entwicklung auf der Erde hängt davon ab, ob wir zum Mittelpunkt des Universums zusteuern, oder uns gerade entfernen. Wir glauben was wir sehen, wir sehen aber wenig. Im Zug glauben wir zu fahren, wenn draußen vorm Fenster die Bäume vorbei fahren, oder war es der Zug der fährt? Alles ist in Bewegung immer weiter, somit hat jedes erschaffene die Möglichkeit sich immer und immer weiter zu entwickeln. Alles Leben im Universum ist wie eine Fahrradkette, je mehr sie in Bewegung ist, desto leichter wird es für alles. Zeit gibt es nicht und braucht es auch nicht, da alles so oft wiederholt werden kann, wie es uns gefällt.

Hebräer 13,8
Jesus Christus ist derselbe gestern und
heute und in Ewigkeit.

Kopfkino

Stellen sie sich keinen blauen Mond vor! Und Sie habens doch getan, das Bild war in null Komma nichts in ihren Kopf, obwohl ich „keinen" schrieb, ignorierten sie das. Das Gehirn ist super schnell, gerade mit Bilder hat es unser Gehirn leichter als mit Wörtern uns Zahlen. Besonders kluge Menschen merken sich anhand von Bildern alles mit Leichtigkeit. Selbst langweilige Zahlenreihen die unendlich lang sind, kann man so leichter merken, wenn man nur jeder Zahl ein Bild zuordnet und dann alles als Geschichte merkt.

Unsere Vorstellungskraft ist sehr hoch, wir haben fast alle Errungenschaften mit Hilfe der Vorstellungskraft erfunden. Manche Menschen sind besonders gut, andere weniger. Als ich noch zur Schule ging, ermahnte mich immer meine Lehrerin ich solle nicht schon wieder Träumen. Ich stierte auf die Decke oder zum Fenster hinaus und war weit weg vom Schulunterricht. Sieht schon seltsam aus wenn jemand Tagträumer ist, die Augen so starr wie bei einen Toten. In meiner Familie habe ich das nur bei meiner Mutti gesehen, bei meinen Vater nie. Kinder die Tagträumer sind, haben eine besonders hohes Vorstellungsvermögen und werden mal später ihren nutzen an die Menschheit weitergeben. Ob sie gute Ärzte werden oder Architekten, Künstler oder Gärtner, in allen ist die Vorstellungskraft gefragt.

Wir haben die Möglichkeit nicht nur im „Hier und Jetzt" zu leben, nein wir können uns eine ganz andere Realität schaffen. Wir sind in der Lage durch unserer Vorstellungs-kraft eine neue Umgebung aufzubauen. Immer wenn wir mal eine Pause brauchen, können wir uns dort hin zurückziehen. Schließen Sie die Augen und stellen Sie sich vor, das Sie auf einer Wiese vor einen See stehen, die Sonne scheint hoch oben, es ist angenehm warm wie ein schöner

Sommertag eben. Ein Himmelblauer Himmel und das zwitschern der Vögel. Sie sehen einen Bootssteg und hören das rascheln von den Bäumen, die nah am Wasser stehen. Wenn es ihnen gefällt dann lassen sie ihrer Phantasie freien lauf, setzen Sie sich auf die Bank die im leichte Schatten unter der Eiche steht. Ist hier der richtige Platz zum Leben. Welche Art von Haus gefällt ihnen? Modern oder Rustikal? Lassen Sie ihr Haus entstehen, genau hier auf der Wiese, ganz wie sie möchten. Eine Burg vielleicht, oder eine Villa mit riesigen Balkon? Lassen sie es in ihren Geist entstehen und gehen Sie in das Haus, es ist ihr Haus, niemand weiß etwas davon, nur Sie wissen das. Sie können im Geist Tiere entstehen lassen, wie zum Beispiel Pferde. Sie können mit ihren Pferd durch den Wald reiten oder auch Schwimmen gehen. Schmücken sie ihr Haus mit Blumen in allen formen und Farben. Schaffen sie ein Weg, alles was sie wollen. Richten sie ihr Haus ein mit Möbel, Küche und Bad, alles was sie wollen, genießen sie es hier zu sein, in vollkommener Ruhe weit weg vom Stress des Alltags. Sie können sich täglich 20 Minuten hier zurückziehen und ihre Seele baumeln lassen, oder auch einmal in der Woche, ganz wie Sie wollen. Ich mache das schon viele Jahre und es ist nicht schädlich, ganz im gegen teil es beruhigt und lässt den Stress einfach auflösen, sie werden von Tag zu Tag entspannter und frei. Das machen ganz viele Leute auf der ganzen Welt, sie erschaffen sich ein neues zu Hause, ganz wie sie möchten, manche hoch oben in den Bergen, andere gehen auf eine Insel und leben wie Robinson und treffen vielleicht Freitag. Andere leben in einen Wolkenkratzer in Los Angeles und haben ein/e Freund/in, ganz nach ihren Geschmack. Alles ist möglich, es gibt Menschen die erschaffen sich eine Person in ihrer Phantasie und verlieben sich in „Ihn oder Ihr." Ist das der Schlüssel das viele

Menschen, die viele Jahre im Gefängnis in Einzelhaft überlebten, ohne Schaden zu nehmen? Oder Schiffbrüchige die eine sehr lange Zeit einsam auf einer Insel verbrachten? Wir haben einen Geist mit den wir jede Situation schaffen können, wir können sein was wir wollen in unserer Phantasie, das zeigen uns unsere Kinder jeden Tag aufs neue. Durch die Phantasie lernen wir und erschaffen uns so Träume, die eines Tages Realität werden. Genau so machen es unsere Kinder, jeden Tag und die Kuscheltiere sind ihre besten Freunde und Beschützer, mit denen sich jede Art von Angst besiegen lässt.

*

Nun kommen wir zu einen Punkt, indem wir durch die Phantasie auch unsere Gesundheit beeinflussen können. Denn alles was wir jemals erlebt haben im Leben, können wir umwandeln oder auflösen. Viele Menschen meinen ein Problem aus früherer Zeit könne nicht mehr geändert werden, aber das stimmt nur zum Teil. Wir können die Einstellung dazu ändern, da wir heute alles anders sehen als noch vor zwanzig Jahren. Wenn wir die Dramen die damals stattgefunden haben, heute noch mal durchgehen, verstehen wir warum musste das passieren, was wir damals nicht verstanden haben. Das mein Vater mich zum Beispiel schlug war als erstes Stress, er hatte einfach keine Nerven mehr für mich. Ich war ihn im Weg, aber ich wusste auch schon als Kind, das es ihn nach Stunden leid tat. Heute kann ich mich selbst Therapieren, indem ich mich als Kind selbst die Liebe gebe, die ich als Kind nicht hatte.
Das nennt man sein innerstes Kind. Mein innerstes Kind ist

die eigene Kindheit noch mal aufzuarbeiten, mit allen seinen schlechten Erfahrungen und der meist fehlenden Liebe in der Kindheit. In uns allen ist das innere Kind zu Hause, nehme es an und gib deinen Kind alles was in deiner Kindheit gefehlt hat. Dein Leben wird sich ändern, zum positiven hin. Denn jeder braucht die Liebe, ohne die Liebe sind wir nicht das, was wir sein wollen oder sollen. Ich wurde in meiner Kindheit von meinen Vater geschlagen, dass geschah aber auch, weil mein Vater in seiner Kindheit auch nicht geliebt wurde. Vielleicht geht das schon seit vielen Generationen so, ich durchbrach die negativen Gefühlsausbrüche durch die Liebe zu meinen inneren Kind. Wer mit seinen inneren Kind arbeitet wird Selbstbewusster, Mutiger, Freier und aufgeschlossener sein zu sich und seinen Mitmenschen sein, auch wenn die Kindheit schon 50 Jahre zurückliegt, es ist niemals zu spät. Denn sonst könnte sich das im nächsten Leben wieder spiegeln.

Und nun geht es los, „Stellen Sie sich vor" ihre Beine stecken in der Erde, wie ein großer Baum dessen Wurzeln. Sie sind geerdet, alle negativen Energien fliesen aus den Wurzelchakra und Fußchakra in die Mutter Erde. Über euch scheint die Sonne hell und warm. Goldenes Licht kommt zu euch herunter und fließt in eurer Kronenchakra hinein und füllt deinen Körper. In jede Zelle deines Körpers fließt nun das goldene Licht. Das Licht reinigt euren Körper und alles negative fließt aus den Fuß- und Wurzelchakra nach draußen in die Mutter Erde. Ihr bittet darum das die negative Energie in göttliche Liebe umgewandelt wird. Spürt die Verbindung zur Mutter Erde, spürt die wärme der Sonne über euch. Goldenes Licht durchflutet die Aura und reinigt sie. Ihr fühlt euch so rein wie noch nie vorher. Jetzt stellen Sie sich vor, sie befinden sich an einen herrlichen Sommertag mitten auf einer schönen Wiese. Es gibt Bäume und Büsche in der Nähe, Sie sind allein aber beschützt. Sie stehen jetzt auf ihrer Wiese, mit der schönen warmen Sonne über sich. Plötzlich springt ein ein Kind aus deiner Sonne. Das ist das goldene Kind in Dir. Es beginnt auf der Wiese herumzulaufen, mit den Gefühl ganz frei zu sein. Die Freiheit was es genießt, ist so groß das es anfängt zu lachen, zu tanzen, zu singen, zu springen.......

Stellen Sie sich vor, wie es springt und tanzt auf der Wiese, voller Freude ganz ausgelassen vor Glück. Jetzt rennt es weg, um auf einen Baum zu klettern, hoch oben aus dem Ästen winkt es Dir zu. Dann klettert es wieder herunter und läuft zu einen kleinen Bach um dort fröhlich zu spielen. Es ist so glücklich und lacht, jetzt springt es auf der Wiese umher und rollt sich auf der Wiese, wo kleine Blumen wachsen. Nun liegt es friedlich in der Sonne und geniest den Sommertag. Nun steht es auf und kommt langsam zu Dir und setzt sich auf deinen Schoß. Sie legen ihre Arme um den kleinen Körper und freuen sich ihr eigenes Kind gefunden zu haben. Sprich mit ihn, Spiel mit ihn mach was Sie gerne möchten. Dein Kind wird nun immer kleiner auf deinen Schoß, wie im Märchen der „Däumling" immer kleiner und kleiner, es möchte in Dich hinein. Es springt jetzt in deinen Körper hinein, wo Sie möchten im Bauch zum Beispiel. Wo Sie gerade möchten, dein Kind wohnt nun in Sie. Sie können jetzt immer wenn Sie wollen, Kontakt mit ihren inneren Kind aufnehmen. Liebe sie es, streicheln Sie es und reden sie mit ihren Kind. Es ist jetzt immer bei ihnen, geben Sie ihren Kind alles was Sie als Kind vermisst haben. Kommen Sie langsam wieder in das „Hier und Jetzt" und fühlen Sie sich wohl mit ihren Kind, es wird Sie ab heute überall begleiten. Wenn Sie mal traurig sind, dann wird ihr Kind auch traurig sein, sind Sie lustig wird auch ihr Kind lustig sein. Weinen Sie vor Glück, dann wird auch ihr

Kind vor Glück mit weinen. Auch die stärksten Männer die ihr inneres Kind gefunden haben, bleibt kein Auge trocken. Ein hoch auf unsere Vorstellungskraft, danke lieber Gott für All die schönen Gaben die du uns mitgegeben hast, auf unseren spirituellen Weg.

Phantasie ist wichtiger als Wissen. Wissen ist begrenzt, Phantasie aber umfasst die ganze Welt.

Albert Einstein 1879 bis 1955

Der Glaube besiegt die Angst

Es gibt nichts schlimmeres als Angst, denn Angst lähmt uns, macht uns anfällig für die dunkle Seite. Denn die möchten das wir ängstlich sind. Menschen die Besessen sind vom Satan kennen keine Skrupel, haben nie Angst die tun alles was ein normaler Mensch nicht machen würde. Auf der ganzen Welt herrscht ein Krieg zwischen GUT und BÖSE oder BÖSE gegen GUT, die wenigsten merken das jedoch und verstehen nicht das wir 24 Stunden beeinflusst werden. Klar haben wir einen freien Willen, aber das ist genau unsere schwerste und größte Herausforderung die wir hier auf der Erde haben. Andere haben es viel leichter die sind da um zu dienen, befolgen den Anweisungen, genau so wenn wir Angestellte in einer Fabrik sind. Unsere Gedanken sind frei, damit andere Gedanken die nicht von uns stammen Einfluss auf uns haben können und unseren Mitmenschen. Wie viele Menschen müssen teuer das bezahlen was sie gar nicht wollten. Wer kennt das nicht, wenn wir überlegen und haben die Wahl, richtig zu entscheiden. Das ganze Leben geht es so, immer richtig zu entscheiden, und das unser Leben schon vor unserer Geburt in einen Buch stand. Aber wie wir es gestalten, gehen wir den schweren Weg oder den leichten Weg, immer müssen wir uns entscheiden. Im Internet findet man unter „Angst" tausende Seiten zu diesen Thema, aber gibt man Mut ein kommt nicht mal eine halbe Seite heraus. Das ist schon erschreckend wie der Mensch verloren ist. Schon kleine Kinder wachsen mit großer Angst auf, kleine Kinder die in den Kindergarten gehen schreien in der Nacht weil sie böse Träume haben, Ist es die Angst das über das Kind kam, das es verloren ohne Eltern ist? Den ganzen Tag getrennt von der Mama. Wir müssen dafür sorgen damit Kinder keine

Angst haben, es gibt nichts schlimmeres als von den Eltern getrennt zu sein. Wenn die Kinder Angst haben, und des Nachts diese Angst hochkommt, dann ist das die Chance für die dunkle Seite das Kind zu übernehmen. Diese Kinder können vor Angst besessen werden. Ich musste schmunzeln als eine Mutter mit ihren Kindern einen Arzt aufsuchten, weil die beiden Kinder in der Nacht immer wieder ins Bett machten. Der Doktor verschrieb Tabletten um das Bettnässen abzustellen. Ich glaube er wusste genau warum Kinder das tun. Kinder machen das weil sie große Angst haben. Die Angst ist so groß das sie wie gelähmt im Bett liegen bleiben und lieber das schimpfen der Mutter ertragen, als aufzustehen und auf die Toilette zu gehen. Die Ursachen müssen gefunden werden, mehr nicht, diese können sein „Kindergarten". Weil der Tag so lang ist von den Eltern getrennt zu sein. Ein Kind kann die Zeit nicht verstehen. Rechnen Sie sich nur die Zeit zusammen in dem ein vierjähriges Kind allein sein muss. Am Tag im Kindergarten sechs Stunden und in der Nacht nochmal zehn bis zwölf Stunden. Das macht sage und schreibe rund achtzehn Stunden! Der Tag hat aber nur vierundzwanzig Stunden, wie viel Zeit verbringt dann ein Kind mit den Eltern? Der Kindergarten ersetzt keine Eltern, da es dort keine Liebe bekommen kann, es gibt nur Lob oder Tadel. Durch die Einsamkeit und fehlender Liebe ist das Kind gerade des Nachts von dunklen Mächten leicht angreifbar. Kinder merken besser als Erwachsene den Einfluss von Geistern in ihrem Zimmer. Kinderzimmer sind meist zu weit vom Elternschlafzimmer entfernt. Wo ist der beste Platz für die kleinen Kinder zum schlafen? Genau sie wissen es, zwischen seinen Eltern im großen Bett!

Ich habe mal ein Kind geheilt das Bettnässer war, ich sagt dem Kind; „alles was du machen musst ist. Rufe deine

45

Mama, so laut du kannst" das war alles. Die Mutter war so erstaunt, wie einfach das war, das Kind hatte nie wieder ins Bett gemacht. Kinder schützen und lieben ihre Eltern, und denken ich bin allein und muss Angst haben, weil ich Schuld und schwach bin. Die Kinder denken dann dumme Dinge wie „Meine Eltern brauchen den Schlaf, die störe ich nicht". *Wir müssen unseren Kindern nur beibringen, dass das „Bitten" ein ganz besonderes Zeichen von Liebe und Vertrauen ist.*

Das uns das viel Freude macht zu helfen, auch wenn es Nacht ist. Das sollten unsere Kinder immer wissen. Das gilt übrigens das ganze Leben lang, auch wir Erwachsenen sollten „Bitten" nicht nur zu Gott. Auch zu uns selbst kann man so für mehr Vertrauen und Mut bitten. Oder einfach um Führung bitten im Leben. Der Glaube hat schon immer gesiegt gegen Angst. Wer Angst vor einer Prüfung hat, hat kein Vertrauen zu sich selbst, mehr ist das nicht. Wer Glaubt der hat schon gewonnen, so ist das ein leben lang so. (Sportler!)

> *Die Angst zieht das Unglück magisch an,*
> *der Mut sorgt dafür das alles Unglück, einen*
> *großen Bogen um uns macht.*
> *Lutz Brana*

Wir werden im Alltag immer von der guten und der Bösen Seite in die irre geführt. Wer kennt das nicht, wer mit den Auto unterwegs ist, einmal seit Jahren schneller gefahren und schon wurde man geblitzt. Die Straße ist Menschenleer und wir fahren ein wenig schneller als sonst, was wir noch nie gemacht haben und auf einmal kommt ein Kind hinter einen Auto auf die Straße gelaufen. Immer wieder Berichten uns Menschen das sie sich das ganze Leben wie Engel gelebt haben und auf einmal waren sie Verbrecher und sogar Mörder, Erklären können uns das nur die wenigsten, aber wer versteht das die dunkle Seite, ihre Mächte im Spiel haben, dann verstehen wir besser das wir einen schwachen Moment hatten. Genau auf den Moment warteten die bösen Geister, auch ein Leben lang. Wir müssen immer stark sein und wissen was wir wollen. Wir dürfen uns nicht vom Weg abbringen lassen, denn es gibt immer jemand der uns beeinflussen möchte. Hexen arbeiten bekanntlich mit der dunklen und der weißen Seite, je nachdem was sie gerade braucht. Merkwürdig nur das alles was mit heilen zu tun hat, von der weißen Seite kommt, aber böser Zauber, Verwünschungen, Flüche, Giftmischen, Schadenszauber, alles krankmachende und alles was mit Geld, Reichtum und Macht zu tun hat, kommt natürlich von der dunklen Seite. Wer versteht das es zwei Seiten gibt, die dunkle und die weiße Seite, der versteht auch das es Gott gibt und auch den Teufel. Denn der Kampf der hier auf der Erde herrscht ist verdammt hart, hier geht es um jede einzelne Seele. Diese Seele für sich zu beherrschen und zu unterdrücken. Frieden und Erlösung aller Menschen, von allen dunklen Mächten werden schon seid Anbeginn der Erschaffung von Adam und Eva angestrebt. Eva viel auf die Schlange herein, die Schlange symbolisiert das Böse. Solange sich Menschen mit der dunklen Macht einlassen und seinen Tricks reinfallen ist die Menschheit verloren. Gott erwartete nicht, das Menschen sich so leicht beeinflussen lassen würden. Es liegt doch im Verstand des Menschen, sich für das richtige zu entscheiden. Warum brauchen Menschen immer wieder Führer. Musste Jesus sterben weil Menschen den glauben verloren hatten? Oder starb er weil er sah welche Generationen viele tausend Jahre später auf der Welt leben würden, ohne den glauben an Gott. Umso mehr sich Menschen für die dunkle Macht entscheiden, desto mehr ist die Menschheit verloren und es wird immer schwerer werden für die guten Menschen, die tief in ihren inneren wissen, eine Rettung kann es nur von Gott geben. An einen Volk erkennt man den Schöpfer, dieser muss ein großes Herz haben. Denn wir haben den größten Schatz auf der Erde und das ist, „die Liebe". Mit nichts kann man mehr erreichen als mit der Liebe, die Liebe ist die größte Kraft im Universum. Unendlich und wer sie ausgibt bekommt sie tausendfach wieder zurück. Liebe lässt keine Angst zu, ganz im gegen teil, wer liebt bekommt Vertrauen und Mut. Liebe deine Arbeit und sie haben nie das Gefühl arbeiten zu müssen. Mach dein Hobby zum Beruf oder liebe dein Feind und alles im Leben. Warum ist alles was gut ist weit weg? Aber alles was schlecht ist so nah. Weil wir Angst haben vor dem was passieren könnte, aber haben wir Angst vor den Positiven, nein darum ziehen wir alles schlechte an, wie ein Magnet ziehen wir es zu uns. Wer hat Angst vor einen großen Lottogewinn? Keiner ist ja klar, darum gewinnen ja so wenige. Immer das, an dem wir festhalten und denken, das umgibt uns, wir entscheiden ob weiß oder schwarz, Gut oder Böse. Unsere Gedanken sind das was wir sind und erschaffen uns mit den göttlichen weißen Seite ein wundervolles Leben, voller Liebe Harmonie und Frieden. Wir müssen mit einen starken Geist durchs Leben gehen, lass niemals zu, das die dunkle Seite dich verleitet zu Sachen, die sie niemals machen würden. Wenn mich die dunkle Seite mal verleitet hat zum Beispiel „schnell zu fahren" dann sage ich im Kopf immer, „Liebe, Liebe, Liebe, Liebe, Liebe" solange, bis alle meine Sinne wieder bei mir sind. Das können sie auch machen, wenn sie Angst haben es hilft wirklich sehr, vernünftig und in Liebe zu bleiben. Die

Geister der dunklen Seite mögen das Wort „Liebe" überhaupt nicht und verziehen sich schnell und suchen das weite. Sagen Sie mal zu einen ganz schlechten Mann, „Ich Liebe Sie" was wird er machen, genau er wird Sie angucken und nicht verstehen was Sie wollen. Wenn Sie das noch mal wiederholen, wird er wegrennen so schnell er kann. Menschen die von der dunklen Seite beherrscht werden kennen keine Liebe. Liebe hat einen göttlichen Ursprung und steht allen Menschen zu, denn es gehört zum Leben wie Essen und Trinken. Glauben ist Liebe, darum fällt es manchen Menschen schwer zu glauben, wie an unseren Gott, die Engel die uns jeden Tag und nachts begleiten. Meine Schwägerin glaubte nie an Geister und Engel bis ich ihr erzählt habe, das alles von ihr abhängt. Danke deinen Schutzengel und schenke ihn Vertrauen und Liebe, dann werden Wunder geschehen. So war es, etwas geschah das an das sie glaubte, sie sah zum ersten mal ihren Schutzengel! Ich sagte siehst du, nur glauben und Lieben muss der Mensch und alle Türen und Tore öffnen sich für Dich. Wir sind alles „eins" liebe deinen nächsten wie dich selbst, auch Gott, die Engel und alle guten Geister, denn alle Lieben Dich vom ganzen Herzen. Lass es zu und lebe in Liebe zu der unsichtbaren Welt. Wir sehen die Geister und Engel nicht, damit wir nicht abgelenkt werden von unseren Aufgaben hier auf der Erde. Aber sie sind immer da, ich weiß es ganz genau.

Verteile die Liebe auf der ganzen Erde und die dunkle Seite kann sich eine andere Welt suchen, irgendwo hinter dem Universum.
Lutz Brana

Macht oder Liebe wer ist stärker? Richtig, im Leben immer die Liebe, denn Macht kann man verlieren, die Liebe nicht.

*

Alle Menschen die sich der dunklen Seite angeschlossen haben, also mit ihr arbeiten sind Hexen. Weil diese Menschen sich auch der dunklen Seite wie auch von der weißen Seite bedienen, oder beeinflussen lassen. Ein guter Mensch lebt vom guten und von der Liebe allein, er braucht die dunkle Seite nicht, kein Problem, ein Mensch aber der Macht und Geldgierig ist und von der dunklen Seite lebt, will aber auch gut leben. Geht er in ein Restaurant dann wurde das Essen auch mit viel Mühe und Liebe angerichtet. Kauft er sich ein teures Auto oder eine teure Leder Jacke und eine Tasche dazu, so ist es auch nur gut, wenn es mit viel Liebe hergestellt wurde. Schmuck und schöne Häuser und die herrliche Natur nicht zu vergessen. (direkt vom Schöpfer zu bewundern und zu erleben) Ob beim Konditor, bei der Massage und im Urlaub. Die Menschen gehen in ein Konzert, in die Oper und zu Kunstausstellungen, aber das ist doch die gute weiße Seite, die göttliche Seite. Alle wollen gut bedient werden und das geht nur mit viel Liebe, wie wir nun wissen. Wann versteht der Mensch nun endlich das nur die göttliche Liebe die treibende Kraft besitzt. Alles ist Liebe, noch bevor wir geboren wurden, war die Liebe schon da.
Wir brauchen die dunkle Seite nicht verachten, sondern wir sollten mit großen Respekt den gegenüberstehen. Denn die dunkle Seite bekommt ihre Macht von uns Menschen. Wir geben der dunklen Seite die Kraft weiter zu machen, wir Menschen bestimmen auf der Erde wer die größte Macht erhalten soll. Denn das was wir denken, wie wir handeln,

genau das ziehen wir in unser Leben. Würden alle Menschen, unseren Heiligen Vater verehren und ihn dienen, wäre die dunkle Seite arbeitslos. Wer sein Leben wegwirft braucht sich nicht zu wundern, das andere mit den Körper machen was sie wollen. Wir ziehen alles in unser Leben und ganz wichtig; auch nach unseren Tod hinaus. Wer sein Leben wegwirft, der kann auch nach seinen Tod nicht erwarten geliebt zu werden. Den größten Fehler was Menschen machen ist zu glauben, das der Tod ein Ende und ein neuer Anfang wäre, das ist falsch. Unser Leben verläuft nahtlos weiter, unendlich. Es ist als hätten wir nie den Himmel gesehen, weil es ein ganzes Leben lang bewölkt war, beim Tod gehen dann alle Wolken weg und wir sehen den Himmel in seiner vervollkommnen Pracht und Herrlichkeit.

Denn also hat Gott die Welt geliebt, dass er seinen eingeborenen Sohn gab, damit alle, die an ihn glauben, nicht verloren werden, sondern das ewige Leben haben.

Johannes 3,16

Unser Vater im Himmel schickte sein eigenen Sohn, um zu beweisen das nach dem Tod alles weiter geht wie vorher, nur in einen anderen Umfeld. Die Menschen wussten schon das vor ca. 2000 Jahren, das Menschen wiedergeboren werden. Jesus wollte aber darüber hinaus beweisen, das es den Gott Vater wirklich gibt.

Orbs, die neuen Lichtwesen

Ich kann mich erinnern, dass früher auf meinen Fotos, öfters Licht Kugeln zu sehen waren. Ich dachte immer an Fehler, oder an Staub und warf diese Fotos weg.....

Immer öfter wird von geheimnisvollen Lichtern berichtet. Kleine Ansammlungen von Licht, wie Mini Wolken von ca. 5 bis 40 cm Durchmesser oder ganze Wolken bis zu einen Meter und rund. Seit den letzten Jahren meist auf Fotografien zu sehen, obwohl diese vorher niemand bemerkt hatte. Sehen meist aus wie Lichtreflexionen auf der Linse, sind es aber nicht denn viele Berichten, auch das die Orbs mit bloßen Augen zu sehen sind. Fakt ist sie haben große Ähnlichkeit mit den Polarlichtern im Norden auf unserer Erdenkugel, eben nur viel, viel kleiner. Orb (Englisch) heißt Kugel, bei uns, „Geisterflecken". findige Geister merken an, dass die Silbe „orb" vom lateinischen Wortstamm „orbus" abgeleitet sei, zu deutsch: der „Waise". Für die Freunde des Okkulten fügt sich das gut ein in ihre esoterische Weltendeutung. Danach sind „Orbs" die verwaisten Seelen von Verstorbenen, ohne Körper.

Energieansammlungen die überall in der Natur vorkommen. Diese wurden aber auch schon in Wohnungen und mitten vieler Menschen gesehen. Sie sind gutmütig, es gab zumindest noch keine Berichte das sie Schaden angerichtet hätten. Die ersten Orbs wurden über Kornkreisen gesehen, immer kurz nachdem die Kornkreise entstanden sind. Aber auch auf Friedhöfen, Parks und an Orten in dem Steinkreise errichtet wurden. Gab es diese Orbs vielleicht schon vor 4000 Jahren als Stonehenge gebaut wurde?

Aber was sind Orbs nun wirklich? Engel, Lichtwesen, Seelen oder Geister. Oder sind es ganz normale Menschen nach dessen Tod, deren Geist ohne Körper die Freiheit genießen? Oder liege ich da voll daneben und es sind neue Intelligenzen von fernen Galaxien zu uns gekommen, die mit uns Kontakt aufnehmen wollen? Nun meiner Meinung nach glaube ich nicht das es Menschliche Wesen sein können, denn ich weiß genau das wir unseren Körper nach dem Tod behalten, nur für uns nicht sichtbar. Verstorbene Geistwesen besitzen den Körper wie sie ihn vorher hatten und bewegen sich normal wie wir fort, oder schweben über die Erde. Orbs sind ganz klar neue Energiewesen ohne Körper, reine Energie die Intelligent sein müssen, denn sie werden gern bei Kraftplätzen gesehen. Auch in der Nähe von Menschen die gerade Meditieren kommen sie immer häufiger vor. Vor allen wenn sehr viele Meditieren und dies im Freien passiert, sind Orbs fast immer anwesend. Einige Wissenschaftler meinen man könne sie auch herbeirufen oder daran glauben und Denken, dann würden sie kommen.

„Orbs sind in Hülle und Fülle gegenwärtig … die Häufigkeit ihres Auftretens hat sich in den letzten Jahren enorm vergrößert. Es gibt verschiedene Typen von Orb-Lichtkugeln. Sie zeigen Anzeichen von Intelligenz und scheinen mit uns kommunizieren zu wollen." Über 100.000 Orb-Fotos hat Dr. Mícaeál Ledwith, US-amerikanischer Theologe und Jurist, gesammelt.

Und die große Herausforderung am Orb-Phänomen ist sicherlich, zu akzeptieren, dass wir nicht allein sind und es nie waren. Die „geistige Welt" steigt nicht nur manchmal als übernatürliche Erscheinung zu uns herab, sondern sie ist ständig „neben" und „in" unserer Welt anwesend. Wir waren nie allein auf unserer Erde und werden es auch nie sein. Der Mensch glaubt schon immer „nur" an das was er sehen kann, das was der Mensch nicht sieht, das gibt es nicht. Klar sollte nicht immer geglaubt werden was wir sehen, es sollte schon hinterfragt und sachlich ausgewertet werden. Geisterflecken können auch Staub auf der Linse sein oder winzige Wassertropfen vom morgendlichen Tau sein, oder eben tatsächlich nur eine Lichtreflektion. Man sollte immer Prüfen bevor man dann zum Ergebnis kommt. Heutzutage ist das Dank Digitalkameras kein Problem mehr, wir müssen nicht auf die Bilder warten, um dann festzustellen das etwas auf den Fotos ist, was nicht sein darf. Gerade in den letzten zwei Jahren wurden unzählige Bilder aufgenommen, die im Sommer im Garten oder im Urlaub enstanden. Darauf sind sehr viele dieser Geisterflecken zu sehen. Jeder der Fotos macht sieht sofort das Ergebnis und putzt seine Linse. Aber dann sieht man noch mehr dieser Orbs und die Jagd kann beginnen.

Manche Esoteriker meinen; Was auf den Bildern der Digitalkameras zu sehen ist, sei eine „von den Geistern ausgeschiedene Substanz" mit dem Namen „Ektoplasma". Doch „aus irgendeinem seltsamen Grund ist das Ektoplasma für das nackte Auge oft nicht sichtbar". Für Digitalkameras dagegen schon, denn diese seien „viel sensibler als das menschliche Auge".

Viele Forscher meinen; Mit ganz profanen physikalischen Grundsätzen: Die Kugel sei die energiesparendste Form, sehr praktisch für die anstrengenden Reisen durch die Sphären. „Theoretisch könnten die Seelen auch Geistergestalt annehmen, aber das würde sehr viel Energie verbrauchen", Ein Medium sagte; das Orbs auch bei Menschen zu sehen sind die Heilen, direkt am Arm wurden sie Fotografiert. Nicht in runder Form sondern mehr länglich. Viele meinen auch Orbs sind Engel des Lichtes. Orbs sind Energiewesen die immer öfter zu sehen sind. Wir müssen damit Leben und glauben Sie mir, das ist nur der Harmlose Anfang von allen was noch kommen wird. Orbs können Seelen, Engel, aufgestiegene Meister, Geistführer, Wesenheiten oder Feen sein. Sie sind für uns sichtbar geworden, damit wir noch tiefer glauben und ihre Hilfe und Heilkraft annehmen können. Es ist kein Zufall das sie gerade jetzt für uns sichtbar geworden sind, denn wir gehen in eine neue Zeit des Wachstum und des Lernens in das Goldene Zeitalter, und die ersten Lichtwesen sind bereits an unserer Seite.

Jetzt liegt es an uns, wollen wir noch mehr sehen? Dann bittet darum und ihr werdet noch viel mehr sehen. Orbs sind reine Liebe und Frieden immer um uns herum, Begleiter der neuen Zeit.

Fazit. Das Orbs genau „Jetzt" zu sehen sind, liegt an der niedrigen Brennweite der neuen Digitalen Kameras. Die Lichtwesen waren wahrscheinlich schon auf der Erde, bevor es Menschen gab.

Es gibt keine Trennung von allen, alles ist eins, die Trennung ist nur in unseren Kopf.

Unsere Mutter Erde

Unsere Erde lebt vom „Positiven und Negativen", das sehen wir in allen, wir brauchen nur einen Blick auf den Kompass werfen. In der Natur lebt alles von „Plus und Minus". Jeder Organische Körper braucht beide Kräfte um zu funktionieren. Auch die Menschen sind Gut und Böse, aber muss das sein? Ein Herz kennt kein Böse, die Hand schon, sie kann dir etwas gutes tun, aber auch weh tun. Jede Münze hat zwei Seiten, es gibt oben und unten, schnell oder langsam, Licht und Finsternis, schwarz und weiß. Es gibt männlich und weiblich, beide sind unterschiedlich im aussehen und Art, aber zusammen bilden sie eine perfekte Einheit. Im Weltall gibt es eine Kraft die alles antreibt, da ist keiner zu schnell und der andere zu langsam, die mittlere Geschwindigkeit ist da immer die Beste. So ist das ganze Universum unterwegs, Mutter Erde unterscheidet sich von uns überhaupt nicht, da sie beide positive wie negative Energien besitzt. Bei uns sorgen männlich und weiblich für das fließen der Energien, sowie bei unserer Natur. Unsere Mutter Erde lebt wie wir auch, nur hat sie einen festen Körper, wir einen beweglichen. Unsere Erde kann fühlen, hören und sehen. Um zu sehen brauchen wir keine Augen, jeder kann auch ohne Augen sehen. Bäume sehen, so kann auch die Erde sehen. Unsere Erde besitzt genau so wie wir Körper, Geist und Seele. Die Seele sitzt wahrscheinlich im Zentrum der Erde. Der Mensch kann mit der Erde kommunizieren wenn er will, viele die ein Medium sind können das. Die Erde Kommuniziert natürlich auch mit allen anderen Planeten und bestimmt durch das gesamte Weltall. Unsere Gedankenübertragung kennt keine grenzen, Informationen können sich nicht in Luft auflösen. Alles was wir sehen können, hat einen Geist. Ich ging mit meiner kleinen Tochter durch den Wald spazieren und sie fragte mich ob ein Stein einen Geist Besitz, nach kurzen überlegen kam ich darauf das ein Stein einen Geist besitzt, da es Informationen gespeichert hat. Sie wusste das ich mich öfter mit den Bäumen unterhalte, aber sie dachte Bäume leben, der Stein nicht. Dann fragte sie mich ob das Geländer einen Geist besitzt ich sagt „Ja" natürlich. Denn alle Dinge haben Informationen, also haben alle Gegenstände einen Geist. Alles hat einen Geist, aber eine Seele hat nur der lebt. Auch ein Brot hat einen Geist, nämlich einen Geist den der Erschaffer hineinprojiziert hat. Zuerst kam die Idee, dann die Vorbereitung und dann wurde das Brot geknetet und geformt und später gebacken. Ohne Geist kann kein Brot entstehen, wir haben sozusagen einen Geist erschaffen und in das Brot hineinprojiziert. Wenn nun ein Medium das Brot in der Hand hält, kann er erfahren wo, wann und von wem das Brot gebacken wurde. Bei uns Menschen ist es fast das selbe. Wenn sich ein Paar sehr liebt, wird eher oder später ein Kind gezeugt werden, aber nicht wir haben das Kind erschaffen, sondern wir haben nur den Grundstein gelegt. Wir wären nicht in der Lage ein Kind zu formen und zu erschaffen, das macht die unsichtbare Kraft von Gott. Der Heilige Geist kommt und formt das Herz und alle Organe in dem Körper. Wenn das Kind geboren wird, wird es einen Körper, den Geist der Eltern und Schöpfer und die Seele von einer Person bekommen, die aus der feinstofflichen Welt herüberkommt um das Kind zu beseelen. Und um eine bestimmte Aufgabe zu erfüllen. Der Geist Gottes achtet darauf das nur eine bestimmte Seele den Körper bewohnt, die dafür vorgesehen wurde. Da Gott unser Erschaffer ist, wird auch nur eine Himmlische Seele von Gott gesandte Seele, den neuen Körper bewohnen dürfen.

Auf dem Feld geht es auch so zu, wir legen den Samen in

die vorbereitete Erde und den Rest überlassen wir unseren Schöpfer Gott. Er wird alles richten und den Regen bringen, damit die Saat aufgehen kann. Wir können nicht viel beitragen alles geht wie von selbst. Im Herbst Ernten wir dann die Frucht und Danken es Gott durch ein Erntedank Fest. Pyramiden wurden gebaut um die Lebensenergie in die Erde zu bringen. Dadurch lebt unser Planet Erde, die Bioenergie wird so auf und in die Erde geleitet. Große Wasservorkommen unter den Pyramiden die sich unter der Erde mit allen anderen Wasser verbinden, sorgen dafür das diese Bioenergie zu allen Pflanzen, Tieren und Menschen übergehen kann. Wasser ist der beste Träger und ist ein hervorragender Speicher der Informationen aufnimmt und diese weiter leiten kann. (eigenes Gedächtnis) Innerhalb von Stunden kann alle Informationen auf dem gesamten Erball übertragen sein. Es gibt wahrscheinlich an die tausend Pyramiden auf der Erde, auch viele in den Weltmeeren.

Nicht die unsere ist die modernste, fortschrittlichste und Intelligenteste Zivilisation unserer Zeit, es gab schon viele vor uns, die viel weiter waren als wir. Das alles steht in alten Überlieferungen, in Büchern die natürlich niemand sehen darf. Alte Kulturen waren so weit, das sie sogar andere Planeten beeinflussen konnten. Nur der Blick auf dem Mond genügt, denn die tiefen Krater auf den Mond sind nicht von selbst entstanden. Auch Meteoriten Einschläge können dafür nicht Verantwortlich gemacht werden. Wie auch, die können ja nicht durch unsere Erde gekommen sein, oder ganz knapp vorbei geflogen sein, die Erdanziehung hätte sie auf unsere Erde gelenkt. Laserkanonen brachten den Mond wieder zurück in seine alte Umlaufbahn, um den richtigen Abstand zur Erde wieder herzustellen. Seitdem entfernt sich der Mond jedes Jahr um 3,8 cm von der Erde. Alte hochentwickelte Kulturen die weiter als wir waren, haben sich laut Überlieferungen immer wieder selbst vernichtet. Außerirdische Brüder und Schwestern halfen uns immer wieder auf die Beine, das unsere Menschheit nicht völlig ausstirbt. Auch unsere Kultur steht kurz vorm aus, mal wieder. Denn sollte der dritte Weltkrieg ausbrechen, werden wir im Atomaren Kollaps enden. Kein Stein würde auf den anderen Stein bleiben, vielleicht mit etwas Glück überleben die im Weltmeer lebenden Pflanzen und Tiere, das Desaster. Zu viele Menschen und vor allen die Medien, Berichten seit Jahren, das ein dritter Weltkrieg bevor steht.

Um die Fehler zu verhindern, die immer wieder auf der Erde gemacht wurden, sollte über die Fehler gesprochen werden. Aber das können wir nicht, da uns Wissen vorenthalten wird. Die Religionen vernichteten immer wieder wichtige Dokumente in alten Zeiten. Bergeweise Bücher wurden vernichtet und Menschen die zu viel Wissen hatten, wurden als Ketzer verbrannt. Aber warum hatten die Kirchen so eine Angst? Selbst heute noch gibt es große Bibliotheken, die kein Mensch betreten darf. Im Vatikan zum Beispiel sind tausende Bücher die keiner sehen darf. Dort ist Wissen von längst vergangen Zeiten nieder geschrieben, die uns vielleicht davor bewahren könnte, das wir uns mal wieder selbst Vernichten.

Ich möchte nicht den Untergang der Erde herauf-beschwören, ich hoffe vom ganzen Herzen das wir noch mal die Kurve kriegen und in ein neues Goldenes Zeitalter kommen. In dem wir keine Gesetzte oder Gerichte brauchen werden. In dem jeder, jeden hilft, die absolute positive Einstellung zum Leben hat und andere mitnimmt auf die Reise.

Die Katastrophe, die über der Menschheit schwebt,
wird verhindert werden.
Ein neues Goldenes Zeitalter steht bevor.
Ich werde nicht scheitern. Es liegt nicht im Wesen der
Avatare, zu scheitern.

von Sathya Sai Baba

Grundsätzlich gilt, dass, wenn jemand einen festen glauben an Gott hat, er mit Vertrauen der Zukunft entgegentreten kann.

Der Mensch wird beginnen, ganzheitlich zu denken und sein Leben bzw. seine Lebensumstände neu zu ordnen. Er wird erkennen, dass es wie bisher nicht mehr weitergehen kann und darf.

In der Welt herrscht überall Unruhe. Was ist der Grund für diese Unruhe?

Der Beginn des neuen Zeitalters, ab 2012 wird von den Menschen mit Besorgnis gesehen als etwas, das der Welt bevorsteht, wie Katastrophen und Unglück. In fast jedem Bereich findet ein ständiger Wandel statt, allein der Geist des Menschen hat sich keiner Transformation unterzogen. Vergnügen und Schmerz sind nicht die Resultate von Zeit. Das Jahr ist nicht verantwortlich für Freude und Kummer. Die Handlungen der Menschen sind allein verantwortlich, für die guten und schlechten Dinge, die sie erfahren. Das Jahr bringt nicht irgend etwas Böses mit sich. Viele Menschen stellen sich vor, dass das neue Zeitalter Unheil mit sich bringen könnte. Jedes Jahr ist Teil der sich immer wiederholenden Erscheinung von Tag und Nacht. Daher bringt die Zeit nicht irgend etwas Gutes oder Schlechtes mit sich. Nur menschliche Handlungen sind verantwortlich für diese Reaktionen. Gute Taten erzeugen gute Resultate, und schlechte Handlungen haben schlechte Auswirkungen. Die Mission des Avatars besteht darin, im Herzen aller Brüder und Schwestern eine Transformation zu bewirken.

Die globale Transformation der Erde, aller Menschen und allen was darauf lebt, hat schon lange begonnen.

In kurzer Zeit werden sie feststellen, dass die ganze menschliche Gemeinschaft zusammen kommen und in Friede und Einheit leben wird, gemäß dem im vedischen Gebet ausgedrückten Ideal:
Lasst uns zusammen leben, lasst uns gemeinsam wachsen.
Lasst uns gemeinsam in Intelligenz wachsen.
Lasst uns in Harmonie miteinander leben.
Ich glaube das, dass das goldene Zeitalter sehr nahe ist. Die persönlichen Rivalitäten, Meinungsverschiedenheiten und der Hass auf Mitmenschen, wird in Zukunft und auf der ganzen Welt eine Angelegenheit der Vergangenheit werden.
Beten und Meditation verändern die Welt, bei acht Milliarden Menschen ist das jetzt möglich! Vertrauen Sie auf Gott und unseren Jesus Christus, möge der Glaube niemals von uns weichen.

Die Vision der Vorfahren der Maya

Wir sehen die Welt wie ein schillerndes Netz, in dem alles mit allem verbunden ist.
Wir sehen einen Planeten, der zivilisiert ist und der bewohnt ist von Menschen, die sich ihrer schöpferischen Kräfte voll bewusst sind, die in Weisheit handeln, weil sie wissen, dass sie die Schöpfer ihrer Wirklichkeit sind.
Wir sehen eine Erde, auf der die Menschen keine Gesetze mehr brauchen, um sich voreinander zu schützen.

Allein das Gesetz der gegenseitigen Achtung wird zwischen den Menschen und allen Lebewesen gelten.

Wir sehen eine Erde, auf der es keine Trennungen mehr gibt auf Grund von Habgier und Verurteilungen. Es ist die Zeit, wo das Netz der gesamten Lebensenergien wieder in Betrieb genommen wird.

Wir sehen eine neue Erde, auf der die Menschen sich selbst führen und der Antrieb für all ihr Handeln und Denken allein aus dem Wissen ihres Herzens kommt.

Wir sehen eine neue Mutter Erde, die in Einklang lebt mit ihren Geschöpfen, die genährt ist und nährt, die atmet und Atem gibt, die Wärme empfängt und Wärme verströmt. Es ist diese eine Erde, die sich im Rhythmus des Universums bewegt.

Viele Menschen auf der Welt arbeiten bereits seit Jahren an der goldenen Zeit die kommen wird. Viele Schriftsteller geben Menschen Mut und machen denen die Augen auf, die leider mit verschlossenen Augen durch die Welt gehen und noch keine Veränderung feststellen konnten. Menschen die auf einmal zu Meditieren anfangen, es gab noch nie so viele. Diese Menschen verändern die Welt, den all diese Energie, alle Gedanken müssen in positive Bahnen gelenkt oder umgewandelt werden.

Solange es Krieg, Unterdrückung, Ausbeutung, Rassismus, Armut, Hunger und eine exorbitante Umweltzerstörung gibt, sind wir diesem neuen Zeitalter noch fern. Erst wenn wir entdecken, dass ein friedliches, respektvolles Miteinander und einer gemeinsamen Aufteilung aller Vermögen auf der Erde statt findet. Können wir von freien Menschen auf der Erde sprechen.

Meditationen mit den Themen Frieden, Harmonie, Liebe Gesundheit und Toleranz können Ketten von Gewalt, Krieg,

Neid und Hass durchbrechen. Intoleranz gegenüber fremden Kulturen und Religionen wird durch die Veränderung der Einstellung aufgeweicht und kann einen Beitrag zum Weltfrieden leisten. Meditation bewirkt ein Weltweite Umwandlung der negativen Energie. Alle Menschen werden somit erreicht, ob sie wollen oder nicht. Diese Kraft ist so groß. Alle angesammelten Lügen der letzten Jahrzehnte kommen jetzt ans Tageslicht.

Zurück zur Natur!
Wir sind ein teil unserer Mutter Erde.
Wir sind keine Personen! Person kommt aus dem Griechischen und heißt „Maske". Eine Person ist demnach Tod, ein Gegenstand. Eine Person braucht demnach keine Steuern zahlen und auf Arbeit gehen. Wenn ein Mensch geboren wird, bekommt es eine Geburtsurkunde, und ist somit eine Person. Somit werden jede Minute in Deutschland „Personen" geboren. Der Mensch ist ein Lebewesen aus Fleisch und Blut, und ist auch wie ein Mensch zu behandeln. Jedes Lebewesen auf der Erde ist zu schützen und ist frei. Es kann selbst entscheiden und handeln ohne andere Menschen zu beeinflussen.Tiere sind auch frei, solange sie dem Willen des Menschen nicht ausgesetzt sind.

„Wenn der Mensch in die Natur geht, hat die Natur nichts dagegen. Ganz im Gegenteil sie gibt uns alles was wir zum Leben brauchen. Wenn die Natur zum Menschen geht, wird sie gnadenlos zerstört."
Lutz Brana

Das Erwachen der Menschen beginnt mit dem Erinnern an die Wahrheit, welche wir alle in unserem heiligen Herzen besitzen. Mit dieser Wahrheit erkennen wir die Lüge. Je weiter das Erwachen fortschreitet, desto mehr Lügen werden erkannt. Dies geht soweit, dass wir erkennen müssen, dass nahezu alles in unserer Welt auf Lügen und Halbwahrheiten aufgebaut ist. Ein vorerst schrecklicher Gedanke.

Die Wahrheit wird uns befreien!
Es wird uns gesagt: „Wachstum sei begrenzt"! Dies ist eine schreckliche Lüge! Es gibt ausreichend Geld in dieser Welt, nicht nur um die notwendigsten Bedürfnisse der Menschen zu befriedigen, sondern um Überfluss für alle zu erschaffen. Nehmen wir also Abschied von den Lügen und Halbwahrheiten!
Es gibt zahlreiche Überflussprogramme in dieser Welt. Ich habe davon erfahren, dass St. Germaine gewaltige Fonds zurückgelegt hatte, damit die Menschheit, wenn die Zeit (bald) gekommen ist, ihren Neuanfang im Goldenen Zeitalter finanzieren kann.

Wir sind freie Menschen!
Die Würde der Menschen ist unantastbar.
So steht im Grundgesetz.

Unser Staat wurde im Dezember 2012 durch die OPPT Zwangs-vollstreckt, und ist nun als Firma eingetragen.
Somit hat der Staat die Macht über die Menschheit verloren.
Banken und Regierungen sind seitdem Zwangs-vollstreckt.

Das Team des „One people´s public Trust" (OPPT) meldet, das am 25. 12. 2012 alle Staaten, sogenannte Regierungen und Banken, aufgrund ihrer Verbrechen an den Menschen, zwangsvollstreckt worden ist.

Jeder Beamte, Polizist, Richter, Gerichtsvollzieher, Finanzdienstlee, usw. hat nun keine Hoheitsrechte mehr über uns, da er keinen Amtsausweis vorweisen kann, sondern nur noch einen Dienstausweis hat, da er bei der Firma Staat angestellt ist und handelt somit ohne Legitimation und auf auf Eigene Verantwortung!

Wir sind also bereits - <u>FREIE MENSCHEN</u> - sofern uns dies Bewusst ist, wir uns dazu bekennen und danach Handeln!

Es gilt das allgemeingültige Recht:

Behandle andere so, wie du selbst behandelt werden willst! Wer besitzt die Weltmacht? Nicht mehr die mit dem vielen Geld, sondern alle freien Menschen, denn die sind in der Überzahl.

In der Zukunft werden wir selbständige, selbst denkende, Souveräne Menschen sein. Jeden Lieben wie uns selbst lieben würden, in Harmonie gemeinsam mit Mutter Erde.

Gottes Gebet ist die Telefonnummer, die Vorwahl ist Jesus Christus. Das Goldene Zeitalter rückt immer näher, Stück für Stück wird es immer greifbarer werden. Aber bevor etwas neues kommen kann, muss erst mal altes weichen. Wenn wir unser Wohnzimmer Renovieren wollen, müssen Möbel und Teppich raus, auch die alte Tapete muss von der Wand. Erst wenn alles alte raus ist, erst dann kann neues rein. So sieht es auch auf unserer Erde aus, alte Strukturen müssen weichen für das Goldene Zeitalter. Wie das alles von statten gehen soll, weiß ich auch noch nicht, ich vertraue da voll auf Gott und unseren Jesus Christus. Das Gemeinsamkeitsbewusstsein aller Menschen auf der gesamten Erde, wird den Zustand der jetzt noch herrscht ändern in eine neue Ära. Gedanken sind so stark und ändern unsere Welt, Gott gab uns die Welt damit wir darauf Leben und lernen können. Er wird nicht zulassen das wir alle Versklavt werden von einer Weltmacht. Verändern wir die Schwingung, viele Kinder werden schon geboren mit neuen Energien. Nur die Gedanken und das sie das lesen und innerlich zustimmen, bringt die gute Energie dazu, sich zu vermehren und sich zu entfalten auf der ganzen Welt.

Wenn Menschen begreifen das alles was sie anderen antun

sich selbst antun, jede Hilfe, jede gut gemeinte Geste, ist

das ein Weg in eine bessere neue Welt.

Lutz Brana

Schungit

Der Schungit ist für alle die es noch nicht wissen ein Stein. Ein beliebter schwarzer Stein mit viel Energie. Schungit wird auch Algenkohle genannt, das kommt daher weil es aus fast zu 98 % Kohlenstoff besteht. Schungite entstanden vermutlich vor 600 Millionen Jahren, aus Meeresalgen. Die Meeresalgen starben ab und sanken zu Boden und Faulten dort zu Faulschlamm. Aus denen sind nach den Millionen Jahren Gestein geworden. So die Variante 1 der Wissenschaftler, Russische Forscher vermuten aber eher das es ein Komet gewesen sein muss der vom Himmel viel. Nach der griechischen Sage ist der Phaeton unweit der Bernsteinküste (Ostsee) ins Wasser gefallen. Ich bin für die zweite Variante weil es nur ein Gebiet gibt, auf der Welt wo dieses Gestein zu finden ist.

Es kommt auf der Welt sehr wenig vor, Länder in den es aufkommt sind nur Finnland (im Osten) und in Nordosten Russlands. Möglicherweise hatte sich der Komet in zwei Stücke geteilt.

Schungit findet Verwendung in Farben und auch als Aktivkohle in Filteranlagen. Weiter gibt es verschiedene Anhänger, Silber, oder Goldschmuck mit Schungit, Gürtel und Sitzkissen gefüllt mit Schungit-Granulat.
Es gibt drei Sorten von Schungit, das sind;

Das normale schwarze Schungit, Kohlenstoffgehalt 50-70%

Das Graue Schungit besteht aus Kohlenstoffgehalt 30-50%

das Edel Schungit ist glasig, glänzend und metallisch, Kohlenstoffgehalt bis 98 %.

Aber der Schungit kann noch viel mehr, sonst würde ich nicht darüber berichten, er hat nämlich Heilwirkung die eindeutig nachgewiesen wurde. Nimmt man Schungit in die Hand, fühlt man einen in sich lebendigen Stein. Schungit enthält ein Maximum an positiver Energie in einem unendlichen Reservoir. Den Schungit Stein gibt es als praktische Pyramide zu normalen Preisen. Wer diese Pyramide an seinen Arbeitslatz aufstellt, wird schnell merken was für eine Energie von den Stein ausgeht. Auch am Schlafplatz oder zur Meditation geeignet. Viele die diese Pyramide gekauft haben, sind voll begeistert von der Heilwirkung dieses Steines. Meditierende sind der Meinung das man viel schneller in die Meditation fällt und leichter Informationen bekommt.

Auch soll es den Kopf freimachen und so für ein Waches und schnelleres Denken verhelfen. Viele Menschen die diese Stein gekauft haben, glauben fest das dieser Stein aus dem Kosmos stammt, denn dieser Stein hat überwältige Heileigenschaften die an einer Konzentration von Bioenergie erinnert. So wirkt er auf Krankheiten, Müdigkeit, Schmerzsymptome aller Art und auch wie bringt Schungit die Bioenergie der Menschen, von von Innen und Außen in Balance. Den Stein direkt auf die erkrankte Stelle legen und mit einen Pflaster befestigen, so kann er direkt auf der Schmerzhaften Stelle wirken. Es können mehrere Steine verwendend werden, auf verschiedenen stellen auf dem Körper. Schungit gibt es nicht nur als Stein und als Pyramide, sondern auch als Kugeln, Granulat und als Pulver zum direkten einnehmen! Die Anwendungsmöglichkeiten des Schungits sind wirklich sehr vielfältig. Viele die sich eine Halskette mit einen Schungitstein als Schmuck gekauft haben, sind überwältigt von seiner Heilwirkung. So soll er gegen Schmerzen helfen, bei Gelenkproblemen,

Hautkrankheiten und gegen Stress und vielen, vielen, vielen anderen Krankheiten, die noch nicht untersucht und bestätigt worden sind.

Eine Messung nach den Bovis-Wert hat gezeigt, dass der Schungitstein eine bis zu **100 fache** mehr Energie hat als jeder andere Heilstein. Heute betrachte ich den Schungit nicht als ein besonderes Mineral oder besonderen Heilstein, sondern als Tor in andere Welten und in andere Dimensionen.

Der Bovis-Wert ist eine Messeinheit, mit der man die Lebensenergie von Substanzen, von Organismen und Örtlichkeiten misst.

Das Schungitpulver dient als Zusatz in Hautcreme zum Beispiel bei Gelenkschmerzen oder Hautkrankheiten.

Schungitsteine sollten in Trinkwasser gelegt werden um das Wasser Positiv zu beeinflussen. Somit erhält man auf einfach weise ein Heilwasser das dem gesamtem Organismus von innen heilt. 200 bis 300 Gramm Schungitsteine in ein Glas oder Giraffe legen und mit Wasser ausfüllen, nach 15 Minuten kann das Wasser schon getrunken werden. Optimal wäre Abends das Wasser auffüllen und morgens trinken und gleich wieder auffüllen und Abends trinken. Die Menge des Wassers spielt dabei keine Rolle, 1,5 bis 2 Liter wären optimal.

Sie werden so froh sein diesen Schungit Stein in der Hand zu halten, machen Sie sich Notizen darüber welche Wirkungen der Stein auf Sie hat. Krankheiten sind ja schnell vergessen. Wenn Sie sich nicht sicher sind ob Sie wirklich einen echten Schungitstein in der Hand halten, dann testen sie ihn doch auf seine Echtheit, <u>ein echter Schungit leitet Strom!</u> Das macht kein anderer Stein auf der

Erde. Nehmen Sie eine Taschenlampe und schrauben hinten auf wo sich die Batterien befinden, legen den Stein zwischen Batterie und Deckel damit der Stromkreis sich schließt. Wenn die Taschenlampe eingeschaltet ist muss jetzt Licht brennen.

Was sind Fullerene ?

Immer wieder werden Sie im Zusammenhang mit Schungitsteinen auch auf das Wort Fullerene stoßen.

Das chemische Element Kohlenstoff kann aufgrund seiner Elektronenkonfiguration eine beliebige Anzahl von Verbindungen eingehen und so äußerst komplexe Moleküle bilden. Ohne diese Verbindungsvielfalt von Kohlenstoff wäre kein Leben auf der Erde möglich. In reiner Form, also ohne Verbindung mit anderen Elementen, kommt Kohlenstoff als Grafit, Diamant und eben als Fulleren vor. Diese letzte Form wurde erst 1985 von den Chemikern Robert F. Curl, Harald W. Kroto und Richard E. Smalley künstlich hergestellt. Ihre Entdeckung war so bahnbrechend, dass Sie 1996 dafür den Nobelpreis erhielten. Kaum jemand hatte erwartet, dass eine derart stabile und symmetrische Kohlenstoff-Modifikation außer den bisher bekannten möglich ist. Noch größer war die Überraschung der Wissenschaftler, als sich später herausstellte, dass diese Kohlenstoff-Modifikation auch in der Natur vorkommt: und zwar im Schungitgestein! Sensationell war 2010 auch die Entdeckung von Fullerenen im Weltall. Damit sind sie nach dem aktuellen Forschungsstand die größten Moleküle im Weltall. Die Vermutung liegt nahe, dass sie der Schlüssel zu dem organischen Leben überhaupt sein könnten.

Von nun an können Sie von den (Bio) Energien aus dem Kosmos Profitieren, nutzen Sie die Natürlichen Kräfte für ein gesünderes und glücklicheres Leben.

Das Hexenbrett

Das Hexenbrett oder das Weltbekannte, als Ouija (Oui heißt im Französischen „ ja") hat wenig mit Hexen zu tun, mehr mit der Kommunikation mit der feinstofflichen Welt. Es ist nun auch dann möglich wenn sie kein Medium sind, sich mit Verstorbenen zu unterhalten. Mit Menschen wie sie und ich, die erst vor kurzen oder schon länger Verstorben sind. Nicht alle Menschen werden wieder geboren, denn viele wollen einfach nicht zurück oder sie befinden sich in eine Art Zwischenwelt im Reich der Toten. Diese Zwischenwelt befindet sich zwischen unserer Dimension und der Himmlischen Dimension und Unterwelt. Diese Zwischenwelt befindet sich auf der ganzen Erde, auch in ihrer Küche, im Bad einfach überall. Überall sind Geistwesen wie auch dein Schutzengel und noch ganz viele uns unbekannte Seelen und Geistwesen. Mann könnte mit König Salomon sprechen, oder auch mit Verstorbenen Verwandten.

Das Ouija Brett gibt es wahrscheinlich schon viele tausend Jahre. Nur das Instrument war etwas anders.Von wem die Erfindung einst stammt steht in den Sternen, aber Fakt ist, es gab es schon in der Antike. Eine Geschichte die ich mal gelesen habe, handelt von einen Mann der ausgesägte Buchstaben für den Druck vorbereitet hatte. Dabei ging sein Messer wie von Geisterhand, von Buchstabe zu Buchstabe. Bis er endlich begriff das die Buchstaben in richtiger Reihenfolge ein Wort und zusammen ein Satz bildeten. Seine Frau war vor kurzen gestorben und sie teilte ihn mit, das sie auf der anderen Seite weiterlebe und das alles in Ordnung sei. Immer schon so lange Menschen gibt, ist es zu Kontakt mit Verstorbenen gekommen. Wenn ein Familienangehöriger stirbt, wirft es immer fragen auf, warum, wieso du, warum nicht ich? Wir kennen doch die aussagen „Die Guten gehen früh und die Bösen leben lange". Ob das stimmt glaub ich eher nicht. Wenn doch, dann hat Gott allen Grund dazu seine Liebenden zu sich zu holen.

Das Ouija Brett gab es vor tausenden Jahren in China, in Ägypten und wahrscheinlich in Amerika. Im klassischen Griechenland soll Pythagoras seinen Schülern befohlen haben, ein solches Instrument selbst zu bauen und damit zu arbeiten. Um Informationen aus der unsichtbaren Welt rüber zu holen, damit so viel Wissen wie nur möglich gesammelt werden konnte. Im gesamten 1800 Jahrhundert gab es zahlreiche Aufzeichnungen darüber, das mit dem Ouija Brett gearbeitet wurde. Altere Aufzeichnungen behaupten auch das in der Zeit 1200 bis 1500 Jahrhundert solche Kontakte zu Verstorbenen gegeben haben muss, allerdings war diese Zeit sehr Gefährlich, um nicht als Hexe oder Ketzer hingerichtet zu werden. Vielleicht darum geriet es in Vergessenheit und da wir alle Wiedergeborene Seelen sind, ist uns auch heute noch etwas mulmig dabei, damit zu arbeiten. Die Angst steckt schon mal 500 Jahre in uns, so lange bis wir sie besiegt haben.

Heute muss aber niemand mehr Angst haben, nur Respekt und Mut mit den Verstorbenen Kontakt aufzunehmen. 1886 kam ein Hexen Brett Namens „Talking Board" auf dem Markt. Die Zeitung New York Tribune vom 28. März 1886 schrieb über dieses Magische Brett. Es gab zu jener Zeit ganze Gemeinden die ganz verrückt nach dem Brett waren. Sogar eine Anleitung gab es, wie einfach ein solches Brett herzustellen ging. Es ist Rechteckig und etwa 45 bis 50 cm groß, und folgendermaßen beschriftet.(siehe nächste Seite) Dieses Brett nützt wenig ohne die Planchette. Ein dünnes Brettchen, (0,5cm stark) sehr glatt und sieht etwa aus wie ein Herz, mit einen Loch in der Mitte.

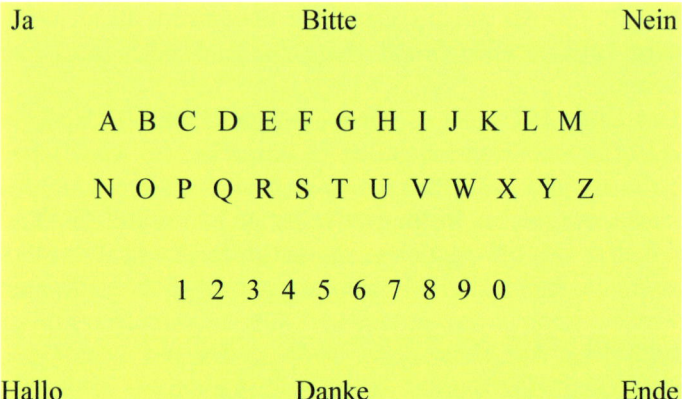

Das Wort, Planchette kommt auch aus dem französischen und heißt Zedernholzbrettchen oder Messtisch. Zu jeden Ouija Brett gehört eine Planchette, das Instrument auf welches die Teilnehmer während einer Sitzung ihre Finger legen und sich bei Kontaktaufnahme mit einem geistigen Wesen auf dem Ouija Brett bewegt, und Buchstaben oder Zahlen zeigt. Man lege den Zeigefinger und den Mittelfinger leicht auf die Planchette, diese wird dann wie von Geisterhand selbst die Bewegung ausführen. Achten Sie das absolute Ruhe im Zimmer herrscht und sie auf keinen Fall gestört werden. Denn Nervosität beeinflusst das Ergebnis. Durch den gedanklichen Aufbau (channeln) sich mit den Seelen Verstorbener zu verbinden, bekommen wir Verbindungen zu Menschen die im etwa so sind wie wir. Es heißt das wir in Kontakt treten mit Seelen Verwanden aus dem Jenseits. Wer sich nicht traut, gleich allein eine Sitzung durchzuführen sollte sich ein Partner dazu holen. Es können bis zu sechs Personen teilnehmen, wobei darauf zu achten ist das alle es sehr ernst nehmen, aber auf keinen Fall eine zu große Angst mitbringen. Denn das würde die Antworten sofort verfälschen. Ich Rate sich schon vorher Fragen aufzuschreiben und die Antworten die Sie bekommen ebenfalls aufzuschreiben. Dann haben Sie es leichter die Fragen später auszuwerten. Channeln können Sie immer ob Früh, Mittag oder Abends, Hauptsache Sie sind ungestört. Am besten ist es die Sitzung zu zweit auszuführen, somit kommt man nicht auf die Idee das man die Planchette selbst über das Brett schiebt. Der Aufbau einer Verbindung mit einem geistigen Wesen erfordert jedoch die Bereitschaft, die Planchette „selbst laufen zu lassen" und zwar so wie sie will und nicht wie sie wollen. Die Gefahr ist nämlich groß, das wenn sie Wörter aufschreiben, schon ahnen was kommen wird. Im Prinzip ist das Channeln wie Telefonieren mit einen unbekannten den wir Fragen stellen.

Ganz wichtig ist der Schutz, dieser sollte immer an erster Stelle stehen, lesen Sie sich Bitte folgendes Aufmerksam durch.

Nicht immer ist mit freundlichen Geistwesen zu rechnen, es gibt ganz Liebe, Wissenschaftler und Abenteurer, aber auch welche die Scherze machen und auch Böse, können mit uns in Verbindung treten. Meistens kommen genau diejenigen Wesen, dessen Gefühl wir rein bringen. Unser Empfinden was wir in die Sitzung reinbringen, spielt eine sehr große Rolle.
Wir sollte darauf vorbereitet sein und uns absichern, indem wir geweihte Schutzzeichen, zum Beispiel ein Kreuz auf den Tisch stellen. Mindestens 2 Kerzen anbrennen, möglichst weiße Kerzen. Kristalle sind auch treue Helfer, die sollen überschüssige Energie ableiten, oder in sich

aufnehmen. Mann kann sich auch vor der Sitzung vorstellen, das Sie durch ein Himmlisches weißes Licht umgeben sind, das Sie schützt. Dann kann man noch seine Schutzgeister anrufen oder auch die Engel Gottes. Ich hatte mal von einen Fall gehört, das eine Familie sich ein Wesen von der Unterwelt zu sich Eingeladen hatte. Wie es dazu kommen konnte ist mir auch ein Rätsel, aber es kann passieren. Aber hier war wohl Alkohol im Spiel und man nahm die Sache nicht ernst genug. In solchen Fällen ist alles sofort zu bebenden. Gehen Sie mit der Planchette sofort auf Ende! Verabschieden Sie sich sofort. Es gibt genug Anzeichen bevor etwas passiert was nicht sein darf. Diese Anzeichen sind: Im Raum wird es merklich kühler, ein Wind oder Luftzug geht durch den Raum. Bücher fallen aus dem Schrank, wenn seltsame Geräusche auftreten, Licht geht aus und so weiter. In diesen Fällen beenden sie sofort die Verbindung, durch die Planchette. Haben Sie Mut bleiben Sie ruhig in einer solchen Situation und behalten Sie die Nerven. Rufen Sie im Ernstfall, Erzengel Michael an, um Sie zu Beschützen.

Wer in einer Sitzung Angst einbringt, dann wird diese Energie verstärkt und kommt so potenziert zu uns zurück.

Stimmen Sie sich vor jeder Sitzung positiv ein, das ist das beste was man machen kann. Wir sind eben alle nur Menschen, hier wie auf der feinstofflichen Seite, vergessen Sie das nie.

Noch bevor Sie anfangen mit dem Magischen Brett zu arbeiten, weiß die feinstoffliche Welt da draußen das sie gleich kommunizieren werden, da sie alle Gedanken empfangen können!

Was kann man alles tun, mit den Hexenbrett? Nun Sie können fragen stellen was ihren Beruf angeht, oder was ist ihre Lebensaufgabe in diesen Leben. Wer waren Sie im letzten Leben, wo ist ihre Katze geblieben, oder der Familienschmuck von der Ur-Oma u.s.w.

Fragen Sie was Sie wollen, solange Sie sachlich und vernünftige Fragen stellen, werden auch Sie vernünftige Antworten erhalten. Alle Ratsschläge die durch das Magische Brett kommen, können tatsächlich eine wirkliche Lebenshilfe sein und unser Leben im positiven verbessern. Die Griechen wussten das und wandten es auch sehr gern an, um ihr Wissen zu erweitern. Geistige Wesen sind nicht höher oder niedriger einzuschätzen als sie. Klar können Geistige feinstoffliche Wesen viel höher Intelligenter sein als wir, aber es gibt auch welche die bestimmt weniger Wissen, als wir haben. Kommt ja auch darauf an wie lange sie sich in der feinstofflichen Welt befinden. Nicht jeder Ratschlag sollte auf die Gold Waage gelegt werden, einen gesunden Menschenverstand sollte schon jeder mitbringen. Dennoch können durch das Ouija Brett aber sehr hilfreiche, und manchmal verblüffend einfache und tiefsinnige Ratschläge rüber kommen. Das ganze kann sehr viel Spaß bereiten und auch Freundschaften sind somit möglich. Idealer weiße sollten deshalb die Sitzungen immer um eine bestimmte Uhrzeit stattfinden, oder eben einmal die Woche, Freitag 19 Uhr zu Beispiel, damit auch die feinstofflichen Geistwesen sich daran anpassen können. Sie können gezielt jemand aus ihrer Verwandtschaft rufen.

Fragt bei den ersten Antworten nach den Namen, wann haben Sie gelebt und wo?

Es kann sehr spannend werden und amüsant. Sie sollten die Zeit von vornherein planen, also zum Beispiel eine Stunde lang zu arbeiten. Es kann aber sein das nur kurz jemand Antworten durchgibt und dann sich wieder verabschiedet. Fragt niemals nach den eigenen Todestag oder für eines eurer Verwandten und Bekanntenkreis, das bringt nur

Unglück. Fragt lieber nach Ratschläge für eurer Leben, auch sollte nicht über jemand gefragt werden der nicht selbst an der Sitzung teilnimmt. Jede Art von „Negativität" wirkt sich auf die Sitzung aus ! Wer gerade eine kritische Lebensphase durchmacht sollte auf das Brett verzichten. Auch wer krank ist, oder Ängstlich ist sollte besser darauf verzichten. Wir sollten darauf achten nicht abhängig zu werden, das geht leider viel zu schnell. Kommen Wörter rüber die negativ, verletzend oder zu persönlich sind, gehen Sie mit der Planchette sofort auf Ende. Beenden sie die Sitzung, wenn sie ein ungutes Gefühl haben.

In großen und ganzen ist das Ouija Brett eine sehr wertvolle Erfindung die uns viel Freude bereiten kann. Unser Leben kann dadurch positiver und abwechslungsreicher gestaltet werden. Probleme können so behoben werden und es kommen viel Ratschläge rüber, die unsere Lebensqualität erheblich verbessern kann. Durch das Ouija Brett können Sie sich in andere Sphären begeben, ohne ein Medium zu sein. Öffnen Sie das Tor in eine andere Welt, die genau so einmalig ist wie die unsere. Dort finden sich alle Charaktere und Vertreter jedes Bildungsniveaus wieder, genau wie bei unser Dimension. Um der Höflichkeitsform halber bedanken Sie sich am Ende einer Sitzung immer, immerhin sind es ihre Seelenverwandten. Sie müssen sich nicht gleich ein Ouija Brett kaufen, mittlerweile geht das auch per Internet. Geben Sie einfach Witchbord-Orakel oder Hexenbrett online ein, und dann kommen auch schon Seiten heraus, wo sie genau mit der Planchette (Maus) auf des Brett fahren und dann die Frage einfach mit ihrer Tastatur eingeben. Was für Sie das richtige ist, müssen Sie selbst entscheiden.

Viel Spaß beim ausprobieren.

Kurkuma

Die Kurkuma oder Kurkume (Kurkumine), wird zum würzen von Speisen verwendet. Wird auch Gelber Ingwer, Safranwurz, Gelbwurz oder Gilbwurz genannt, ist eine Pflanzenart innerhalb der Familie der Ingwergewächse. Sie stammt aus Südasien und wird in den Tropen angebaut. Kurkuma schenkt Speisen eine intensiv gelbe Farbe und sorgt durch seinen würzigen, leicht erdig-bitteren Geschmack für ein besonderes Aroma. Vor allem in der indischen Küche kommt das Gewürz in vielen klassischen Gerichten zum Einsatz. Kurkuma ist sehr gesund, und regt die Verdauung an. Es kann gut für gebratenen Reis verwenden werden oder auch für normalen Reis, geben Sie einen halben gestrichenen Teelöffel Kurkuma dazu und auch noch 3-4 grüne Kardamomkapseln (die nimmt man am Schluss wieder raus). Ein wunderbar schmackhafter Reis. Übrigens auch fein für Linsen und in Kürbisgerichten, speziell in der Kürbiscremesuppe ist Kurkuma Gewürz zu empfehlen.

Kurkuma ist mit Ingwer verwandt und sieht frisch gekauft recht ähnlich aus, mit dem Unterschied, dass das Wurzelinnere deutlich gelber ist. Das Gewürz kann frisch verwendet werden, kommt aber meist als Pulver gemahlen zum Einsatz. Nicht nur geschmacklich, auch unter gesundheitlichen Aspekten ist Kurkuma eine gute Wahl. Oberhalb der Erde wächst Kurkuma in grünen Stauden.

Frisch hat der Wurzelstock einen harzigen, leicht brennenden Geschmack, getrocknet schmeckt er mild-würzig und etwas bitter, er wird vor allem gemahlen wegen seiner Färbenden Kraft verwendet, z. B. als wesentlicher Bestandteil von Currypulver. Kurkuma ist dabei wesentlich preiswerter als der ebenfalls stark gelbfärbende Safran. In

Indien ist die Verwendung von Kurkuma seit 5000 Jahren belegt und aus Überlieferungen von den Veden bekannt. Die Pflanze galt als heilig und gehörte bereits damals zu den wichtigsten Gewürzen. In der traditionellen indischen Heilkunst Ayurveda wird es zu den „Heißen" Gewürzen gerechnet, denen eine reinigende und Energie spendende Wirkung zugesprochen wird. Heute ist Indien das weltgrößte Anbauland und verbraucht rund 60 % der Welternte. Während in Indien meistens getrocknetes Kurkuma verwendet wird, ist in Südostasien, z. B. in der thailändischen Küche, die Verwendung der frischen, geriebenen Knolle verbreitet. In der westlichen Küche spielt Kurkuma eine untergeordnete Rolle als Bestandteil von Currypulver, als billiger Safranersatz oder als Farbstoff in der Lebensmittelindustrie, etwa für Senf oder Teigwaren.

Kurkuma sollte dunkel und nicht zu lange gelagert werden, da die Farbe bei Licht schnell verblasst und es an Aroma verliert.

Aus dem Gesundheitlichen Aspekt hat Kurkuma noch einiges mehr zu bieten!
Schon länger wissen Forscher, dass Kurkuma zumindest im Reagenzglas anti entzündlich wirkt!
Nicht nur geschmacklich, auch unter gesundheitlichen Aspekten ist Kurkuma eine sehr gute Wahl: In der ayurvedischen Medizin werden der Knolle zahlreiche Heilwirkungen zugeschrieben, sie gilt als Schönheitselixier sowie reinigendes und Energie spendendes Gewürz, das zudem gegen Gelenkschmerzen und einen steifen Körper hilft. Kurkuma hilft, Fett zu verdauen, indem der Fluss der Gallenflüssigkeit in der Gallenblase stimuliert wird. Es gilt

als Bitterstoff und führt durch den intensiven Geschmack schneller zu einem Sättigungsgefühl. Studien haben außerdem gezeigt, das Kurkuma sehr dabei hilft, Entzündungen zu reduzieren, z.B. bei Reizdarm und Blähungen, Kurkuma ist auch eine potente Waffe gegen Krebszellen. Studien haben gezeigt, dass Kurkuma das Wachstum von Krebszellen verhindern kann, aber auch schon bestehendes Tumorwachstum reduziert und in seiner Verbreitung vorbeugt. Eine der aktuellsten und spannendsten Studien zeigt, dass Kurkuma eine Wirksamkeit gegen Alzheimer besitzt. Studien bei der indischen Bevölkerung haben gezeigt, dass Alzheimer und Demenz bei der älteren Bevölkerung wenig, oder überhaupt nicht nicht verbreitet ist. Wahrscheinlich ist dies aufgrund der hohen Verwendung von Curry in den Mahlzeiten zurück zu führen. Auch Menschen die Gehirnschäden durch Alkoholmissbrauch bekommen haben, ist Kurkuma imstande das Gehirn wieder in seinen Ursprung herzustellen. Kurkuma senkt den Blutzuckerspiegel und die sorgt für positive Cholesterinwerte.

Kurkuma wirkt Kollagen-verjüngend und stimuliert dadurch den Neuaufbau des Bindegewebes. In der Schönheitspflege soll es sich positiv auf Haut und Haare auswirken. In den traditionellen ayurvedischen Aufzeichnungen, werden schönheitsfördernde Wirkungen beschrieben. Kosmetische Kurkuma-Masken sollen zu kleineren Poren und glatter, gepflegter Haut führen und auch bei Akne helfen. Traditionell erhält die Braut in Indien vor der Hochzeit eine Kurkuma-Maske, um am Hochzeitstag besonders schön auszusehen. Der Inhaltsstoff Curcumin hemmt den Abbau von Knochensubstanz. Kurkuma-Extrakte sollen den Cholesterinspiegel senken können, und auch bei Herpes bis Atemwegserkrankungen helfen.

Kurkuma reduziert freie Radikale und ist somit ein natürliches Antioxidanz. Daher kommt es beispielsweise auch bei der Behandlung von (chronischen) Herzerkrankungen und kann gegen Herzinfarkten schützen.

Bei Diabetes Patienten wirkt es sich positiv auf die Funktion der Blutgefäße aus.

Kurkuma wirkt gegen Erschöpfung und Depression, ebenso kann es gegen Prostata Entzündung und Prostatakrebs helfen.

Eine polnische Studie aus dem Jahr 2011 bestätigt, dass Curcumin eine vergleichbare Wirkung auf Depressionen hat wie die bekannten Medikamente „Fluoxetin" und „Imipramin". Meiner Auffassung nach erreicht es diese Wirkung, indem es die Leber bei der Entgiftung unterstützt und so indirekt die Hormonproduktion verbessert.

Für alle Esoteriker die ihre Zirbeldrüse aktivieren möchten noch eine kleiner Tipp:

Zusätzlich zu Kurkuma empfehle ich immer schwarzen Pfeffer zu benützen, da dadurch Kurkuma effektiver wirkt und vom Körper besser aufgenommen wird! Um die schädlichen Fluoride im Körper los zu werden, bietet sich an, den Körper Zeit zu lassen, Melatonin zu produzieren (viel Schlafen) und selber Melatonin durch die Nahrung aufzunehmen. Gute Melatonin Lieferanten sind unter anderen Walnüsse und Emmentaler Käse. Ich Empfehle einen halben Teelöffel Kurkuma pro Tag bei bestehenden Krankheiten. Ansonsten zur Vorbeugung als normales Gewürz zu verwenden.

Ein hoch auf unsere Natur, danke lieber Gott
das du uns so reich beschenkt hast.

Die andere Seite von „Abtreibung"

Stopp, nicht weiterblättern! Denn das was ich mitzuteilen habe sollte jeder wissen. Hätte ich es nicht selbst erlebt, ich hätte es niemals geglaubt, das ist meine Geschichte. Abtreibung mal von der spirituellen Seite gesehen, denn das Abtreibung falsch ist, weiß ja nun wirklich jeder.

Schon als Kind hatte ich mit Höhen und Tiefen zu kämpfen, aber wer hat das nicht. Meine Kindheit war nicht einfach gewesen, aber auch wenn mir es gut ging, vor allen im jungen Erwachsenenalter, bekam ich immer wieder diese Gedanken im Kopf. Gedanken an Selbstmord, nur warum? Das ganze Leben verlief nicht so Optimal wie es sein sollte, aber Selbstmordgedanken überfielen mich ab und zu, wenn meine Gefühlswelt mal wieder richtig den Bach runter ging. Obwohl ich mit vierzig Jahren mein gesamtes Leben noch einmal durchging und Vergebungsarbeit geleistet hatte, gingen die Gedanken nicht aus meinen Kopf. Jede auch so noch kleinsten Probleme im Leben habe ich aufgelöst, aber die Gedanken kamen an und wann wieder. Bei kleinsten Unstimmigkeiten in der Familie hatte ich diese Negativen Gedanken im Kopf. Gerade im Winter wenn es lange dunkel war und eine depressive Stimmung in der Luft lag. Irgendwann sagte ich zu mir das kann nicht sein, jeden geht es mal schlecht aber sich selbst umbringen, selbst Menschen die schwer Krank sind, haben da mehr Lebenswillen in sich. Ich ging mein ganzes Leben noch einmal durch, bis zu meiner Geburt. Aber da war nichts zu finden, bis ich meinen Mutter fragte, ob ich da draußen nicht noch eine Schwester oder einen Bruder habe. Das Gefühl in mir sagte mir, da ist jemand auf der Welt, zu dem ich eine enge Beziehung habe und ich weiß nicht warum. Meine Mutter lüftete das Geheimnis, ein paar Jahre nach meiner Geburt war meine

Mutti wieder im Krankenhaus. Schmerzen an der Gebärmutter veranlasste sie zum Arzt zu gehen. Deshalb sollte sie am Unterleib Operiert werden, man wollte ihr etwas herausoperieren. Alles gut und schön, die OP verlief bestens, wenn da nicht.....

Meine Mutti hatte ein Baby im Bauch und das war wahrscheinlich schon voll ausgebildet und lebensfähig! Das genaue alter weiß ich leider nicht, das hat sie mir nicht gesagt. Die Ärzte baten meine Mutter um Verzeihung, dass sie das Baby übersehen hatten. Meine Mutter fragte was es denn war? Ein „Junge" sagten die Ärzte. So schnell kommt man zu einen kleinen Bruder. Ich recherchierte weiter welche Beziehung kann ich zu einen Menschen haben, der verstorben ist? Bei Menschen die auf der Erde gelebt haben, zu den hat man eine Beziehung aufgebaut, das ist logisch. Aber bei einen noch nicht geborenen Menschen? Ja klar kleine Kinder haben die Gabe, sie können nämlich mit ihren noch ungeborenen Geschwistern kommunizieren!

(Telepathisch) Ich Channelte mit der Himmlischen Welt da oben und die sagten mir, ein voll entwickeltes Baby, das einen Körper, Geist und eine Seele besitzt, ist ein vollwertiger Mensch. stirbt dieser warum auch immer, so wächst er oder sie in der feinstofflichen Welt auf. (Himmel) Im Himmel gibt es viele Kinder, sehr viele Kinder. Dort wachsen Kinder auch auf wie bei uns, gehen zur Talentschule u.s.w. In der Schule ist es etwas anders als bei uns, dort werden Kinder nach ihren Talenten und Begabungen gefördert. Ein Kind das sehr musikalisch ist, wird auch musikalisch gefördert werden.

Ein Baby im Bauch der Mutter, die noch nicht ausgebildet ist und deren Körper stirbt. Bei diesen Kindern geht die Seele auf Reisen und sucht sich einen neuen Körper. (Selbstverständlich nur durch seinen Schutzengel und durch unseren Gott genehmigt, da niemand einfach so geboren wird, sondern immer eine wichtige Aufgabe auf Erden haben wird.) Wenn die Zeit gekommen ist, das diese Seele genau jetzt auf die Welt kommen muss, so wird auch mal ein anderer Körper gesucht werden müssen! Welch ein Glück für mich, wenn man seinen Seelenbruder finden darf! An einen Sonntag in der früh, durfte ich durch eine Himmlische Eingabe erfahren, das mein verstorbener Bruder der ist, den ich gerade täglich eine Fernheilung schicke! Ich war so sehr von dieser Nachricht berührt das ich weinen musste, aber vor Freude. *Siehe Kapitel: Die Heilung von Mister X, der mein Bruder ist, der leider als Baby bei der OP meiner Mutti gestorben ist*. Durch meinen täglichen Kontakt, teilte ich ihm diese gute Nachricht mit. Schön zu wissen das wir immer Leben dürfen... Darum liebe alle Geschwister der Erde!

Babys die im Mutterleib sterben, müssen einen neuen Körper finden. Die Schutzengel begleiten die Seele zu einen neuen noch ungeborenen Kind, das noch keine Seele besitzt. Die Suche kann sehr schwer werden, denn die meisten Babys haben schon ihre Seele von vornherein eingeplant. Es gibt nun mal kein Zufall!

Somit ist es möglich das eine Mutter wenn sie mal stirbt, ihren Sohn oder Tochter begegnet, drüben im Himmelreich das sie einst Abgetrieben hat und sie wird sofort wissen das ist mein Kind. Es ist wie mit den Wort, alle Wörter sind Energien und Befehle oder Wünsche. Ein Baby ist ein Mensch und das kann man nicht einfach in Luft auflösen, es ist da. Denn wir alle haben einen festen und einen feinstofflichen Körper, deren letzteres nicht vernichtet werden kann. Dieser feinstoffliche Körper lebt und wächst auf, genau so wie bei uns in der grobstofflichen Welt. Der Unterschied zu uns ist nur der, das feinstoffliche Menschen aufwachsen bis zum Erwachsenen Alter, aber dann keinen körperlichen Zerfall erleiden müssen wie wir.

Ungeborene Kinder die durch Abtreibung gestorben sind, durften nicht in unserer Welt leben, mit all seiner Schönheit. Ein sehr wichtiger Weg der fehlt, hier zu lernen und zu leben, Gefühle kann man nicht erlernen, man muss sie erleben, all das kann sich nicht erfüllen. Wie viele Morde muss es noch auf der Welt geben bis es alle verstehen, Schwangerschaftsabbruch ist Mord. Und wie viele Menschen werden durch Abtreibung noch in den Tod gedrängt, weil jemand auf der anderen Seite nach uns ruft. Seit ich nun alle Wahrheiten erfahren durfte, ging es mit gut, keine Selbstmordgedanken mehr. Seit dem Tag sind alle Selbstmordgedanken komplett verschwunden! Wie viel Suizid auf der Welt passieren und wie viele weil Babys Abgetrieben wurden und somit der Tod weitere Tode nach sich zieht. Es ist wie ein nicht endender Strudel, der alles hineinzieht. Warum müssen so viele Menschen sterben, nur weil sie nicht wissen, das sie noch Geschwister auf der anderen Seite haben. Ungewollte Schwangerschaften müssen verhindert werden, es darf keine Abtreibungen mehr geben und Mütter müssen ihren Kindern die Wahrheit sagen. Es kommt sowieso alles raus, irgendwann, aber ganz sicher.

Es sind nicht immer negative Ereignisse im Leben die zu Verzweiflung führen und Menschen in den Tod drängen. Seltsamerweise sind es auch die, die alles im Leben geschafft haben, finanziell gut gestellt, prominent, ein Leben in Luxus und alles geschafft haben wovon sie geträumt haben im leben. Aber an Einsamkeit oder Depression leiden, auch hier würde ich sagen, haben die vielleicht auch Geschwister, die ihn oder sie rüber holen wollen?

Denken wir an;

Cleopatra, **Caren Carpenter** (Magersucht trieb Sie in den Selbstmord), **Jimmy Morrison** (mit Drogen), **Eva Braun**, Familie von Hermann **Göhring. Lee Thompson Young** beendete sein Leben mit 29 Jahren. **Tony Scott** feierte 1986 mit «Top Gun» einen großen Erfolg. Der gebürtige Brite nahm sich im Oktober 2012 im Alter von 68 Jahren das Leben. Er sprang von einer Brücke im Hafen von Los Angeles. Am 5. April 1994 starb **Kurt Cobain** in seinem Haus in Seattle. Am 11. Februar 2010 wurde der englische Modedesigner **Alexander Mc Queen** tot in seiner Londoner Wohung aufgefunden erhängt. **Hannelore Kohl**, starb am 5. Juli 2001 nach einer Überdosis Tabletten. **Gunter Sachs** hatte sich am 7. Mai in seinem Haus in der Schweiz erschossen. Am 13. Juni 2004 stürzte die Schauspielerin **Jennifer Nitsch** aus dem Fenster. Der Schlagersänger **Rex Gildo** stürzte sich am 26. Oktober 1999 aus dem Fenster seiner Münchner Wohnung. **Robin Williams**: Abschied von einem ganz Großen. Williams wurde am 11. August 2014 leblos in seinem Haus in Tiburon bei San Francisco gefunden worden. Er wurde nur 63 Jahre alt.

Tod mit 25! Die Welt trauert um **Peaches Geldof**. Drogen, Unfall, Selbstmord. Viele Stars sterben viel zu früh.

Und, und, und........das ist nur eine kleine Aufzählung von Menschen, die vielleicht noch am leben sein könnten. Menschen die alles im Leben erreicht haben, ich meine wirklich alles. Warum nur?

Es agieren immer zwei Seiten in unseren Leben, die unsere und die feinstoffliche Seite, ein hin und her. Geht es uns schlecht zieht uns die feinstoffliche Seite zu sich rüber, geht es uns gut ziehen wir die feinstoffliche Seite zu uns herüber. Wenn wir nun sehr nahe Verwandte auf der feinstofflichen Seite haben, dann werden wir im größten

Seelentief hinübergezogen. Die feinstoffliche Seite trauert mit uns und möchte uns nur trösten. Die sind ja soo lieb zu uns, wenn wir nur mehr verstehen könnten.

Selbstmord richtet sich immer zu sich selbst und ist eine Todsünde. Das Karma wird belastet werden, ob man will oder nicht, aber eine Wiedergeburt ist unumgänglich. Denn das Leben wurde nicht verstanden. Jetzt auf der fein-stofflichen Seite, ziehen uns viele liebende Menschen zu uns rüber. Denn liebe Menschen trauern um den verstorbenen, genau das was gefehlt hat. Jetzt zieht es die Selbstmörder wieder zu uns. Menschen die an Selbstmord starben sagten aus, das sie zuerst in die Hölle kamen, weil sie das Leben verabscheuten. Das Leben muss gelebt werden, nicht wir entscheiden wenn es zu Ende ist, das entscheidet unser Herr, da oben!

Das Schicksal in die eigenen Hände nehmen, das ist falsch. Wer aus dem Leben austritt der verschenkt sein Leben, ein Leben das nie wieder so gelebt werden kann. Es ist für immer verloren, den Zustand den sie hatten der kann nie mehr erreicht werden. Wir haben nur eine Chance im Leben, um genau das Leben das wir haben zu leben. Denn alle sogenannten Zufälle im Leben und Ereignisse führten zu dem was wir sind, jedes Leben so wie es gerade ist auf der Erde, ist vielleicht nur einmal in tausend Jahren möglich. Wir bekommen Aufgaben im Leben gestellt, die gilt es zu lösen, nicht um abzubrechen und meinen, ich kann nicht mehr.

Ein Engel sagte zu mir, viele Menschen geben viel zu frühzeitig auf. Viele von meinen Geschwistern am letzten Tag ihrer Probezeit! Manche sogar in ihrer letzten Minute! Dann ist alles vorbei, die feinstoffliche Seite kann da nichts mehr machen, es gilt der freie Wille.

Selbstmorde entstehen unter anderen wegen Kindes-abtreibungen. Aus Sünden, entstehen neue Sünden, wann durchbrechen wir endlich alles Böse auf der Welt. Wir können doch gar nicht einschätzen was wir für Schäden damit anrichten, auf der Welt. Welche Nachwirkungen werden damit alle hervorgerufen. Es gibt keine Zufälle im leben, somit ist jedes Kind geplant. Es gibt genug Menschen die wünschen sich vom ganzen Herzen ein Kind und bekommen keine, obwohl Ärzte nichts finden können, warum das nicht gehen soll. Viele Paare sind absolut gesund.

Abtreibung sollte Weltweit verboten werden. Ich schicke allen Ungeborenen Kindern viel Liebe und Frieden hinüber in die feinstoffliche Welt, eure Mamas und Papas lieben euch vom ganzen Herzen.

Betet ohne Unterlass! Dankt für alles; denn das will Gott von euch, die ihr Jesus Christus angehört. Löscht den Geist nicht aus! Verachtet Prophetisches Reden nicht! Meidet das Böse in jeder Gestalt! Der Gott des Friedens Heilige euch ganz und gar und bewahre euren Geist, eure Seele und euren Leib unversehrt, damit ihr ohne Tadel seid, wenn unser Jesus Christus, unser Herr, kommt.
(1.Thess 5,17-23)

Die bewusste Tötung durch sich selbst ist die größte Sünde, die ein Mensch seinem SCHÖPFER antun kann. Durch solch einen Schritt missachtet der Mensch alles, was an Göttlichkeit in ihm ist. Wie kann einer Liebe verlangen, wenn er sich selbst hasst.

Das leben ist eine Zahl,
das gestern war eine Zahl, das vorgestern war eine Zahl,
das heute ist eine Zahl und morgen
bekommen wir von allen Zahlen aus unseren vergangenen
Leben das Ergebnis. Alle Zahlen
die wir in unseren Leben erreicht haben,
können nicht mehr geändert werden.
Lutz Brana

Vergebungsarbeit

Jemanden vergeben klingt ziemlich altmodisch, etwas Majestätisch, wie aus dem Adel. Aber es kann durchaus modern sein. Wenn ich zur meiner Frau sage „Ich vergebe dir" dann ist das ein Zeichen meiner Hochachtung und liebe gegenüber anderen Menschen. Warum sollten nur Könige Vergeben. Denn jeder macht mal einen Fehler, ob gewollt oder aus Unwissenheit. Aber das Vergeben ist für viele eine große Überwindung, wer zeigt schon das er schwach ist. Wenn der andere einen Fehler gemacht hat, dann kann ich mich doch nicht herablassen und noch tiefer sinken, als der der mir den Schaden zugefügt hat. Aber genau das ist der Fehler den die meisten Menschen machen. Es gilt: „der klügere gibt nach." Denn vielen ist nicht Bewusst, das sie einen Fehler gemacht haben und der klügere zeigt somit, wie es richtig sein muss.

Die Erde sündigt nicht, kein Tier sündigt und keine Blume. Es ist nur der Mensch der sündigt, immer wieder von neuen muss er Vergebungsarbeit leisten, da er schwach ist und die Fehler immer bei anderen sucht, aber nie bei sich selbst.
Lutz Brana

Das wir unseren Feind vergeben sollen, das wird schon in der Bibel erwähnt und ist überhaupt das wichtigste um in Frieden Leben zu können. „Vater im Himmel vergib uns unsere Schuld" heißt es, in vielen Gebeten und das zu Recht. Heute mehr denn je. Wir möchten das Gott Vater im Himmel unsere Sünden abnimmt und unsere Sünden Vergibt. Jede Art von Sünden die von den Menschen jeden Tag gemacht werden, ist die dunkle Seite ein Stück näher zu uns gekommen. Jede Sünde haftet an jeden der sie hervorgerufen hat, diese Sünden können im laufe eines Lebens aufgelöst werden.

Ein Mensch der die Schuld immer bei anderen sucht, andere kritisiert und missachtet und schon gar nicht liebt, kann nicht Vergeben. Menschen die irgendwann einen Konflikt mit jemand hatten, deren Probleme können nie gelöst werden bis Vergebung getan ist. Der Auslöser des Konfliktes ist vielleicht schon lange aus Ihrem Leben verschwunden und doch empfinden Sie eine Schwere oder ein Unwohlsein, wenn Sie an diesen Menschen denken.

Auch Kinder leisten Vergebungsarbeit. Ich habe gesehen wie ein Mädchen nicht richtig mit ihren Hund umgegangen ist, nach ein paar Minuten tat ihr Hund sie Leid. Sie streichelte ihn liebevoll und nahm ihn hoch. Solche Dinge kommen jeden Tag vor, überall auf der Welt. Besser es geschehen keine Sünden mehr und wenn, warum tut uns die Versöhnung nur so schwer.

Ich Vergab meinen Vater, das er mich zu Unrecht hart Bestrafte. Das war eine große Erleichterung für mich. Denn durch die Vergebung lösten sich alle Verbindungen, die sich bis zur Vergebung aufgebaut hatten. Es sind wie Fäden die mit den Körper verbunden sind. Diese gilt es durch zu trennen. Das ist nur möglich durch eine Vergebung.

Mit Konflikten aus alten Zeiten die nicht aus der Welt geschafft wurden, also gelöst sind, können zahllose Krankheiten entstehen. Seelische Probleme können Organische Krankheiten auslösen. Viele Menschen fragen dann „Warum" bedenken aber nicht das wir Energiewesen sind. Irgendwo müssen sich ja Konflikte aufhalten, warum nicht in einen Organ. Alle Organe sind mit den Chakren verbunden, riesige Energieautobahnen. Disharmonie begünstigen das bestimmte Organe in denen Konflikte lagern, das diese nicht mehr durch die Prana Energie durchflutet werden können. Also verkümmern diese nach und nach, das Organ kann seine Arbeit nur noch zu 40 % ausführen.

Wann immer die Gesundheit, der Erfolg oder zwischenmenschliche gute Beziehungen auf sich warten lassen, ist es Zeit, sich in Vergebung zu üben. Auch wenn Probleme immer in Wiederholung auftauchen, sollte die Vergebung praktiziert werden, zumindest auch gegenüber sich selbst. Vergebung heilt alle Verletzungen, sie stärkt Körper, Seele und Geist. Vergebung löscht Angst, Trauer, Wut, Mutlosigkeit, Depressionen und Aggressionen. Durch die Vergebung löst sich jedes Hindernis auf und die guten Kräfte werden freigesetzt. Vergebung ist immer auch Selbstvergebung. Denn wenn wir anderen vergeben, vergeben wir immer auch uns selbst.

Je mehr Groll du in dir trägst, desto schwerer wird deine Last. Vergib und lass dann los. Wenn jemand dir Unrecht getan hat, tut das weh. Es ist sicher nicht sinnvoll, deine eigene Energie und Zeit darauf zu verschwenden, diese Verletzung zu verlängern. Vergib und du entfernst dich nach und nach vom Schmerz. Vergib und du kannst mit einer viel geringeren Last weitergehen ... Vergib und es geht dir viel besser.
Vergib und du bist frei, wirklich zu leben.
Ralph Marston

Es gibt zwei Arten von Vergebung:

Sich selbst vergeben. Dieser Bereich ist für die Selbstvorwürfe im Zusammenhang mit deinem Vergebungsthema. Oft gibt es zum Beispiel Selbstvorwürfe dass man zu klein, hässlich, zu schwach, zu unerfahren, zu dick, zu dumm zu ungeschickt sei. Die meisten haben schlechte Erfahrungen machen dürfen, in der Schule und in ihren Elternhaus. Man wurde nicht geliebt, mit folgen in den Schulischen Leistungen und in seinen späteren beruflichen Umfeld.

Einer anderen Personen vergeben.
Alle die im laufe unseres Lebens uns ungutes angetan haben, ob den Eltern, Geschwister oder Neider. Um sich von denen loszureißen gilt es diesen Personen zu vergeben. Somit werden alle Verbindungen zerrissen und wir sind frei.Wie heißt es in der Bibel,
"Vergib uns unsere Schuld, wie auch wir vergeben unseren Schuldigern!" Damit stellt Jesus Christus klar: Ob ich wirklich von Schuld frei werde, hängt ganz eng damit zusammen, ob ich auch bereit bin, jemandem zu vergeben, der mir Böses angetan hat.

Bekämpfe das Böse nicht mit Bösen, sondern mit
hingebungsvoller Liebe. Da das Böse keine
Liebe kennt, wird es die Liebe annehmen oder für immer
aus deinen Leben verschwinden..
Lutz Brana

Das zweite wird nun eintreten, da die meisten keine Einsicht haben, werden andere die Liebe zum Feind nicht verstehen und verschwinden. Somit erschafft man sich schnell ein optimales Umfeld, die deiner würdig sind.

<u>Um Vergebung bitten,</u> beziehungsweise die Schuld begleichen. Wo immer man sich selbst schuldig gemacht hat oder andere belastet hat, formuliert man hier in einem Satz. Ich bitte aufrichtig um Vergebung und den Namen der Person. Da Vergebung auf geistigem Wege geschieht, braucht die andere Person nicht anwesend sein, oder davon wissen. Ihr höchster göttlicher Anteil wird es wahrnehmen, und der Person überbringen. Schnell rutscht uns mal etwas raus wie können unseren Mund nicht halten und reden über andere Unwahrheiten oder verletzen sie an ihrer Seele. Dann sollte man unbedingt um Vergebung bitten. Am besten persönlich, aber wenn es nicht geht, dann kann man das auch per Gedanken machen. Ganz wichtig, auch wenn die andere Person schon gestorben ist, sollte unbedingt Vergeben werden. Denn alles was wir anderen antun bleibt auch über den Tod hinaus bestehen! Die negative Energie würde uns irgendwann heimsuchen egal wann, denn Energie bleibt ewig bestehen.

Vergebt einander, weil auch Gott euch durch Christus vergeben hat. Eph 4,32

Tipp:
Sprechen Sie Ihre Entschuldigung am besten in das rechte Ohr Ihres Gegenübers. Forschungen haben ergeben, dass das rechte Ohr eines wütenden Menschen für Töne empfänglicher ist, als das linke Ohr.

Wann immer Sie mal wieder ein Fehler gegen andere Mitmenschen gemacht haben, dann immer so schnell wie möglich entschuldigen, denn je länger man wartet desto schwerer wird es für Sie. Sie sollten sich immer persönlich entschuldigen, nicht über dritte entschuldigen lassen. Dann können sie sicher sein, dass das Problem aus der Welt geschafft wurde. Immer persönlich entschuldigen, das ist besser als per Brief, oder E-Mail oder SMS schreiben. Wählen Sie eine ruhige Umgebung für das Gespräch aus. Sind Sie aufrichtig und ehrlich den anderen gegenüber, keine falschen Ausreden. Nicht überlegen was der andere Denkt, sondern mit viel Liebe und Respekt den anderen behandeln, so wie sie selbst auch behandelt werden wollen.

Mit jedem Male, da du einem andern verzeihst,
schwächst du ihn und stärkst dich selber.
aus Peru

Die Zeit heilt keine Wunden, es wird nur verdrängt oder
auch vergessen, aber es bleibt dennoch im Geiste verbucht,
bis es von dir gelöst, erlöst worden ist.

Lesen Sie am besten täglich folgendes Befreiungsgebet;

Sollte ich heute jemanden
durch Gedanken, Worten oder Taten gekränkt oder
einen anderen in seiner Not im Stich gelassen haben,
so bereue ich das jetzt.
Sollte ich das nicht wiedergutmachen können,
tue ich morgen Gutes dafür
und heile Verletzungen mit Liebe. Das gelobe ich,
wenn mich eine Verletzung tief getroffen hat
und nicht wiedergutgemacht wurde,
bitte ich das Licht, alles wieder auszugleichen,
und betrachte die Schuld als getilgt.
Elterlicher Geist, den ich liebe
und der mich liebt, wie ich weiß,
komm durch die Tür, die ich weit öffne,
und mach den Weg zu dir frei.

Zitiert nach Otha Wingo

Das Bewusstsein

Wissenschaftler wissen das schon lange, das die gesamte Menschheit in Verbindung steht. Ich hatte schon ein Kapitel geschrieben über die Verbundenheit aller Menschen unter anderen über den Anschlag auf das World Trade Centers am 11 September 2001. Damals hatte ich nur Vermutungen. Aber erst jetzt bekam ich durch einen Zufall, wissenschaftliche Ergebnisse auf meinen Tisch. Bewusstseinsforscher Dr. Nelson Roger meinte dazu, das Menschen die sich Spirituell befassen, schon immer klar war das alle Menschen ein Bewusstsein haben. Um das all Bewusstsein auf der Erde zu messen, wurde zu diese Zweck ein Gerät erfunden. Das Gerät heißt Random Event Generators (REGs) und diese Gerät kann das Menschliche und „Globale Bewusstsein" der Erde Messen. Nach Aussagen der Wissenschaftler der USA sind über sechzig solcher Geräte auf der ganzen Welt verteilt im Einsatz. Das merkwürdige dabei ist, das immer bevor ein großes Ereignis stattfindet das Gerät schon anzeigt das etwas passieren wird. Bei den Anschlag auf das World Trade Center zum Beispiel das ca. neun Uhr stattfand zeigte das Gerät bereits fünf Uhr früh schon einen großen Datenausschlag. Genau so war es auch als Prinzessin Diana beerdigt wurde, das war am sechsten September 1997. Die Menschen hatten so ein großes Mitgefühl, dass das auf der ganzen Erde Messbar war. Genau so war tiefstes Mitgefühl zu Messen als unser Michael Jackson gestorben ist. Wissenschaftler meinen wir könnten das Wetter beeinflussen, wenn es lange kalt war dann wünschen sich sehr viele Menschen das es endlich warm wird. Es ist immer wieder zu beobachten das genau das Eintreffen wird. Unser Glauben und unsere Einstellung zu seinen Mitmenschen bestimmt die Weltsituation. Würden wir alle liebevoll mit unseren nächsten umgehen, dann gebe es keinen Krieg. Nimmt man den Prozentsatz der gesamten Menschheit in dem Frieden herrscht. So sind der kleinste teil von denen die den Krieg verursachen. Jeder Mensch ist so wichtig, da ein jeder Mensch mit seinen Leben, das Leben auf der ganzen Erde beeinflusst. Jeder ist mit jeden verbunden. Wenn 10.000 Menschen für Frieden auf der Erde Beten oder Meditieren, dann hat das Messbare Auswirkungen auf der ganzen Welt. Geist steht über die Materie! Wir kennen doch das wir einen siebten Sinn haben, fast jeder kennt das Phänomen das wir an jemanden denken und genau in diesen Moment klingelt das Telefon. Oder wir gehen ohne Grund in das Haus und genau in diesen Augenblick klingelt jemand an der Tür. Wir haben gewisse Vorahnungen und empfangen Nachrichten die an uns gerichtet sind. Wenn jemand Schluck auf hat, so denkt jemand gerade an diese Person, wer kennt das nicht.

Wir sind alle eins. Wenn jeder sein bestes gibt auf der Welt, so wird die Erde immer besser werden. Jeder muss an sich selbst arbeiten, nur so sind Veränderungen auf der Welt möglich.

Tiere zum Beispiel haben ein Gruppenbewusstsein. Gut zu Beobachten bei Affen, Rehen, Kühen oder auch Vögel. Allerdings geht das Bewusstsein nicht über die ganze Erde hinaus, sondern bleibt in der Gruppe. Gott erschuf die Welt und brachte bei fast allen Tierarten eine ganze Gruppe hervor. Da gibt es die Pferde und Zebras und Esel, bei den Schlangen gibt es wer weiß wie viele Arten u.s.w. Somit ist ausgeschlossen das eine ganze Gruppe von Tieren aussterben kann. Bei den Affen ist genau dasselbe zu beobachten, es gibt unzählige Arten von Affen. Und bei den

Menschen, da gibt es nur eine Gattung Mensch, wenn die ausstirbt gibt es keinen Menschen mehr. Da gehört die Erde ganz allein den Tieren.

Tiere werden geboren, leben das leben und sterben wieder und werden von neuen geboren. So ist das auf der Welt, alles wird geboren um dann wieder zu sterben. Bei uns Menschen ist das nicht anders, nur mit den Unterschied, wir haben die Intelligenz zu wissen, was passieren wird. Wir können jeden Moment sterben, ein Tier weiß das nicht. Der Mensch ist jetzt in der jetzigen Zeit mal wieder so weit zu begreifen, das wir unser Leben selbst gestalten und beeinflussen können. Ja sogar auf das ganze Bewusstsein auf alle Menschen der Erde. Diese Erkenntnis gab es damals bei den Veden das letzte mal. Heute wissen wir und sogar die Wissenschaftler sind nun endlich auch davon überzeugt das jeder Mensch weiter lebt. Denn Energie existiert ewig. Wenn der Mensch stirbt geht er in die feinstoffliche Welt über, er kann sehen, denken und sein Charakter bleibt genau so, wie er als Mensch gelebt hat. Ich weiß das, da ich öfters mal in anderen Dimensionen unterwegs bin, unter anderen auch im den sogenannten Himmel. Den es tatsächlich gibt, genau so wie es den sehr hellen Tunnel gibt der ins Himmelsreich führt.

Schon vor ungefähr zehn Jahren war ich mit den Leben hier auf der Erde fertig. Ich hatte so viel gemacht, das ich keine Idee hatte was könnte mich beruflich weiterbringen und mir so viel Spaß machen, das ich nicht mehr überlege „wo komm ich her und wo gehe ich hin". Ich überlegte was ist der Mensch überhaupt, das er so wichtig ist, wenn wir doch wie die Feldhasen geboren werden um zu sterben. Welchen Sinn ergibt das ganze und steht der Mensch an erster Stelle der Schöpfung oder an letzter. Denn Wissenschaftler sehen nur die Geburt des Menschen und den Tod, ich schaue da weiter und überlege, wo kommt der Mensch aus dem Universum her und wo im Universum geht er dann hin, wenn er nicht mehr geboren werden möchte. Gott gab uns den Verstand und einen freien Willen, das wir Entscheiden dürfen, aber was entscheiden? Wir laufen doch ewig und schon viele tausende Jahre im Hamsterrad und laufen und laufen. Ich glaube das gerade mal 10 % der Menschen auf der Erde überlegt haben, aus dem Hamsterrad auszusteigen. Die normalen Menschen überlegen nur wie sie ihr Leben schön gestalten können, um Reichtum anzuhäufen, aber ans Abschied nehmen denkt keiner. Jesus Christus versprach uns das ewige Leben, nicht leiden und sterben, davon hat er nichts gesagt. Für mich ist ewiges Leben immer jung zu sein, gesund und voller Vitalität zu sein. Raus aus dem Hamsterrad und in das ewige Leben voller Glückseligkeit. Die meisten Menschen machen den Fehler im hohen alter zu sagen, im nächsten Leben werde ich.... oder ich werde das machen oder jenes machen. Aber warum das nächste Leben, wollen wir uns nicht weiter Entwickeln und eine Stufe höher steigen, sind wir denn gar nicht neugierig was uns auf der anderen Seite erwartet. Wenn ich im Himmel war, konnte ich nur glücklich Menschen sehen, die waren so frei, gesund und voller Lebensfreude, das es mir leid tat das sie wieder zurück auf die Erde mussten. Denn Menschen werden nun mal zwischen ein und fünf Jahren wiedergeboren. Nun werden viele denken, bleib ich doch einfach oben, das hatte ich mit auch überlegt aber das geht nicht, denn oben dürfen nur Heilige, oder Menschen mit sehr hohen Verdiensten und Würdigungen bleiben. Das liegt daran das alle Gedanken und Wörter in das all Bewusstsein eingeht und unser Leben vorbestimmt. Wenn wir meist im zweiten abschnitt im Leben, vor unseren Tod an das nächste Leben denken und vorausplanen, dann ist dies bereits geschehen. Es gibt kein zurück mehr, deine wünsche sind somit schon in Erfüllung gegangen. Das nächste Leben planen wir selbst, denn wie schon gesagt, es zählt der freie Wille, den uns Gott gab. Unser Leben haben wir immer schon selbst ausgewählt, wir können niemanden dafür verantwortlich machen, außer uns selbst. Wir haben ein Bewusstsein das nutzen wir, es das ist unendlich. Es gibt sieben Bewusstseinsstufen und wir stehen gerade mal auf der ersten Stufe und dann gibt es noch die sieben Stufen des spirituellen Wissens. Das wissen haben viele Menschen, aber wer möchte die nächsten Stufen nach oben laufen. Es wird weiter gelebt wie bisher, mit Meditation und Bewusstseinserweiterungen wie Joga. Wir reisen ins Universum in Gedanken, gehend als Geist durch Wände und können Gedanken lesen und andere Menschen mit unseren Gedanken Beeinflussen. Aber irgendwann ist Schluss, das alles haben wir und noch viel mehr auf der nächsten Stufe, die wir nach oben steigen.

Die erste Stufe in der geistigen Entwicklung ist der Mensch und der Weg führt uns zu Gott. Denn je mehr unser Bewusstsein steigt desto mehr möchten wir zu Gott, denn Gott hat die Antwort auf alle Fragen.

Der Mensch ist der Anfang und Gott das Ziel.
Unser Ziel ist so zu sein wie Gott.
Lutz Brana

Autor Werner Günter über die sieben Bewusstseinsstufen.

Die erste Bewusstseinsstufe:
Der Mensch lebt unbewusst und schicksalsbedingt! Die Antriebe des Lebens kommen aus der gewohnten

Umgebung, trieb bedingt, Ego-bezogen. Es existiert kein komplexes Verstehen von größeren Zusammenhängen und Langzeitwirkungen.

Vordergründig oberflächliche Prioritäten bestimmen die Verhaltensmuster. Gut ist das, was im Moment nützt! Primitive, hedonistische Lebenshaltung spiegelt sich hier im alltäglichen. Wahllose, augenblickliche Bedürfnis-befriedigung ist das signifikante Kennzeichen einer solchen Bewusstseinsstufe.

In der Partnerschaft zeigt sich solches Bewusstsein äußerst instrumentell: Der Partner hat meinen Gelüsten und Bedürfnissen zu entsprechen und zu dienen!

Die zweite Bewusstseinsstufe:

Dämmerungszustand   das Verhalten wird langsam beginnend hinterfragt! Der Lebensvollzug wird zwar noch vorwiegend in einem gesellschaftlichen Ablauf verstanden, dem man sich nicht entziehen darf und kann. Höchste Form von Fremdbestimmung und Unterordnung. Andere geben an, was ich zu tun habe und es stört mich nicht. Illusionistische Gottgefälligkeit. Immer noch bestimmen materialistische, egobezogene Prioritäten den individuellen Lebenslauf. Was das Kollektiv-Bewusstsein vorgibt, ist richtig! Man darf nicht anders sein. Durch das Milieu bedingte Muster haben Vorgabecharakter. Man ordnet sich kritiklos ein und unter. In der Partnerschaft zeigt ein solcher Bewusstseinszustand eine Ausrichtung nach funktioneller Ergänzung. Die räumliche materielle Maske des Partners bekommt besonderes Gewicht. Trotzdem bleibt der instrumentelle Bezug zum Partner im Vordergrund.

Die dritte Bewusstseinsstufe:

Bewusstwerdung im Gefühlsleben der emotionelle Aspekt tritt in den Vordergrund.

Das primäre Ego entdeckt seine soziale Resonanz. Das Geltungsbedürfnis gesellschaftlicher Rangordnungen wird entscheidend. Wer zu sein, wird wichtig. Damit werden die kollektiven Muster besonders einflussreich. Abstammungs-bezogene soziale Wertperspektiven haben Dominanz. Kleinbürgerliche, städtische wie dörfliche Denkschienen werden zu einem hohen Prinzip. Hinter solcher Scheinwelt bricht das individuelle Ego oft aus und schafft sich im Geheimen versteckte Verhaltensmuster. Man fühlt sich aber weitgehend dabei schuldig. Karriere, beruflicher Erfolg, Ansehen werden zum Antriebsgenerator. Solche lokalen, kollektiven Vorstellungen werden zu Automatismen und kaum noch hinterfragt. In der Partnerschaftsprojektion tritt das emotionale Bezugsfeld in den Vordergrund. Emotionale Resonanz und Übereinstimmung bestimmen vorrangig die Partnerwahl und damit auch eine über starke Anbindung und Fixierung. Diese kann oft kippen und sich in ihr Gegenteil umkehren, was sich bis zu aggressivem Hass steigern-kann.

Die vierte Bewusstseinsstufe:

Bewusstwerdung auf der Mental ebene! Mentale Neugier, Wissensdurst und Erkenntnisdrang treten in den Vordergrund. Nicht mehr das Materielle, sondern das Geistige (wenn auch noch im Mental Bereich) wird wichtig. Das Hinterfragen seiner ideologischen Programme setzt ein. Kritische Distanz zum kollektiven Bewusstsein eröffnet einen Abnabelungsprozess. Wer hat recht? Ich oder die anderen!

Beginn eines autarken, ethischen Gefühls unabhängig äußerer Normen. Hinter sich lassen familiärer Muster, religiöser Zwänge, ideologischer Okkupation, kollektiver, memischer Muster, Aufmerksamkeit gegenüber individuellen Resonanzen, Entdecken des Karmaprinzips. Im Partnerbezug tritt Geistigkeit in den Vordergrund. Mentale Übereinstimmung wird zum entscheidenden Faktor, hohe Trennungsbereitschaft. Intelligenz-übereinstimmung spielt große Rolle. Partner, die einander wertfrei zuhören können und tolerant zueinander sind, ziehen sich gewaltig an.

Die fünfte Bewusstseinsstufe:
Erwachen der metaphysischen, mythischen Kräfte. Die Geistschöpfungskraft wird wahrgenommen und allmählich auch begonnen, sie umzusetzen. Das Präkognitive des menschlichen Wesens wird erfasst: Ich erschaffe bewusst meine Realitäten durch Gedanken- und Bewusstseinskraft! Das Erkennen der Wirkmacht auf sein Umfeld und letztlich, im morphisch planetaren Sinn, auf den ganzen Planeten. Die Kontrolle über die Kräfte seines Niederen Selbstes, Gefühlsreflexionen, Mentalreflexionen, Eigensinn wird zum Persönlichkeitsprinzip.

Ausscheiden aus Vereinigungen traditioneller, vereinsmäßiger, politischer und religiöser Anbindung ist ein häufiges Zeichen. Wertfreiheit gegenüber allen Strömungen. Die große Entbindungsstation von alten Ketten. Oft auch ein vorübergehender Weg in das Alleinsein (All-Eine). Offenes philosophisches Denken: Auf der Suche nach tiefer liegender Wahrheit und echter Erkenntnis. Karma-Bewusstsein wird zum angewandten Verhaltensregulativ: Was ich säe, ernte ich! Viele verbringen allein die Zeit um

Erleuchtet zu werden.

Äußeres Zeichen ist spiritueller Vegetarismus, das Seelengeschwister Tier wird bedingungslos respektiert. Echte Moralität übernimmt den Lebensfahrplan. Ausklinken aus passiver karmischer Abhängigkeit und Kausalität. Der Beginn der Souveränität ist erreicht. In der Partnerschaft wird höchste Übereinstimmung auf geistiger Stufe gesucht; frühere Prioritäten lösen sich als Gewichtigkeiten auf. Nur noch wenige Menschen im Umfeld können eine solche Partnerrolle erfüllen.

Die sechste Bewusstseinsstufe: Universelle Liebe!

Das Wesen auf dieser Stufe wird zu einer priesterlichen geistigen Instanz. Sein Strahlungsfeld erreicht überdimensionales Gewicht. Sein Da-Sein ist wichtiger als sein Tun. Der Mensch auf dieser Stufe hört auf zu kämpfen, er lässt zu! Sein Ego wird auf die dritt-dimensionale primäre Lebensbereichsebene zurückgerufen. Die Trennung zwischen dem Höheren und Niederen Selbst wird aufgehoben und allmählich EINS! Die Seeleninstanz tritt die Autorität im Leben an (wird zugelassen!).

Das Eins-Sein mit Allem, was IST, tritt vom wissenden in den erfühl- und erfahrbaren Bereich. Kommunikations-fähigkeit mit Tier, Pflanze und Kristall wird wahr-genommen. Die dritt-dimensionalen Barrieren und Grenzen beginnen sich aufzulösen: Alles wird möglich! Das Geistwesen wird als Chefinstanz installiert. Die materiellen Kräfte und die dritt-dimensionalen Bereiche strukturieren sich nach dem Geisteswillen. Das ist der Punkt (Übergangszone), wo die Göttliche Quelle wachsend in einem individuellen Wesen in Erscheinung tritt.

Auf dieser Stufe eines menschlichen Bewusstseins wird der zwangsgesteuerte Reinkarnationszyklus beendet. Die Frequenzstruktur einer solchen Wesenheit wird all-vernetzbar und beginnt mit hohen Wesenheiten bewusst in telepatische Kommunikation zu treten. Sie beendet ihre Reife in Raum und Zeit und schließt einen solchen Lernzyklus ab. Die Erde bietet im Moment eine optimale Rahmenbedingung an: ein Gnadengeschenk, in kürzester Zeit durchs Ziel von Raum und Zeit zu laufen.

Die Partnerschaft bekommt eine neue Dimension. Jede Form von Besitz oder Verpflichtetheit wird überwunden. Der ganze Reichtum einer dritt-dimensionalen Partnerschaft kann gelebt und erfahren werden, ohne dass daraus Zwänge und Abhängigkeit erwachsen. Alle untergeordneten Bereiche einer Partnerschaft in Raum und Zeit werden in himmlischer Freiheit gegenseitig geschenkt und erlebt: eine Spiegelung des Muttergott Vatergott Prinzips.

Die siebende Bewusstseinsebene:
Unio Mystica

Das in der sechsten Stufe In-Gang-Kommen des All-Eins-Seins tritt in volle Verwirklichung. Damit ist ein Gott geboren! Göttliches Bewusstsein, das sich in der sechsten Stufe immer stärker in den Vordergrund gerückt hat, wird zur Manifestation. Hierher gehört auch der Begriff des Aufgestiegenen Meisters. Alle Aus- und Eingrenzungen zwischen der Äußeren und Inneren Welt lösen sich auf. Die

Materiegesetze verlieren ihre Wirkung auf das Wesen. Das Wandern zwischen der Außen- und der Innenwelt benötigt keine weiteren Inkarnationen mehr.

Die Polarität ist gemeistert und braucht nicht mehr in einer dichten Form angenommen werden. Es ist dem Wesen überlassen, ob, wann, wo und durch wen es möglicherweise als Avatar in einer polaren, dichten Welt inkarniert. Diese siebente Stufe ist auf dem Planeten nur in Promillegröße vorhanden, wobei aber im Zieleinlauf der ZEIT des JETZT eine große Schar anschließen und ankommen wird. Alle jene Zeitgenossen, die sich in der sechsten Bewusstseinsstufe bewegen, können damit rechnen, dass sie im ZEIT-Zieleinlauf unseres Zyklusses bis 2012 diesen Zustand erreicht haben werden.

Was die Partnerschaft betrifft, werden die, bis zur sechsten Stufe von Relevanz befindlichen, polaren Partnerschaften hinfällig. Man kann wohl annehmen, dass eine solche Seelenharmonie, die sich in der sechsten Stufe schon zeigt, in der siebenten nochmals erhöht wird und als eine Art von schöpferischer Mutter-Vater-Gott-Einheit höchste Strahlungs- und Reflexionswirkung erzielt.

Diese Darstellung (von mir leicht geändert, ausschnittsweise) ist nach einer Anregung aus dem Buch Menschheit im Dornröschenschlaf von Werner Günter geschrieben, am Tage des Magnetischen MULUC im Jahre des Oberton Samens am 26. Tag des Rhythmischen Mondes Lunarer Samen. Nochmals möchte ich darauf verweisen, dass die meisten von uns sich gleichzeitig in zwei oder sogar in drei Bewusstseinsfeldern gespiegelt erkennen. Was besonders den dynamischen, aber auch den sich intensiv verändernden Bewusstseinszustand jedes einzelnen von uns in der heißen Transformationszeit des Jetzt zeigt.

Nach Werner Günters Angaben würde sich im Moment auf dem Planeten Erde folgende strukturelle Zuordnung der über 6 Milliarden individueller Menschen zu diesen sieben Bewusstseinsebenen ergeben. Knapp 95 Prozent würden sich von der ersten bis zur vierten Stufe befinden, wobei die dritte Stufe mit knapp 2/3 Anteil der ganzen Menschheit absolut dominant mit knapp vier Milliarden menschlicher Individuen das Hauptgewicht ausmacht. Wenn man davon ausgeht, dass der Planet Erde ein vier-dimensionaler Planet ist, sich dort aber nur 7,5 Prozent bewusst-seinsmäßig befinden, lässt sich wohl seine Mangelentwicklung mehr als deutlich erkennen. Nur knapp 450 Millionen Menschen befinden sich somit in dieser vierten Bewusstseinsebene.

Erfreulich allerdings ist, dass bereits 3,5 % der Erdbevölkerung die fünfte Bewusstseinsstufe erreicht haben und mit mehr als 200 Millionen Individuen ein beachtliches Heer von Geistwesen herangereift ist. Auch die sechste Stufe, die Prophetische Stufe, soll schon 1,8 % der Erdbevölkerung, das sind bereits 106 Millionen Personen, erfüllen. Wenn sich auch nur ein Prozent der Erdbevölkerung auf und in der siebenten Stufe befindet, nach diesen Angaben, sind das immerhin schon mehr als eine halbe Million menschlicher Individuen. Wenn wir davon ausgehen können, dass noch von den unteren Gruppen viele Individuen nachrücken werden, hat sich wohl die Erde als Entwicklungsplanet gelohnt!

Besetzungen

Wir sind ständig von der geistigen Welt umgeben. Geistwesen, Körperlose gute Geister und körperlose Böse Geister, Dämonen, Engel und noch viele mehr. Wir sind mit den umgeben was und wie wir Denken und handeln. Wer Böse ist wird Böses anziehen, wer Gut ist wird gutes anziehen. Mit dem eigenen Denken, Fühlen, Wollen und Handeln zieht man unbewusst entsprechende gleichgesinnte Geistwesen heran. Wer nach Gottes Gesetze lebt, zieht somit Engelwesen und gute Geister zu sich, wer Sündigt zieht Dämonen und Böse Geistwesen zu sich. Jeder Mensch hat somit Böse und die Gute Geister an seiner Seite, ein Leben lang. Somit ist alles in Ordnung. Es ist praktisch ein gesundes Gleichgewicht, die Göttliche Weltordnung und der freie Wille des Menschen ist alles was zählt. Aber wir können gute Geister, Engel von Gott zugeteilt bekommen, während Böse Geister von uns selbst eingeladen werden. Das liegt einzig allein daran ob wir Gottes Gebote einhalten und Jesus Christus in unser Leben lassen.

Es ist davon auszugehen, dass die geistigen Fremdeinflüsse über und auf den feinstofflichen seelischen Wesensteil des Menschen energetisch einwirken. Auf dieser seelisch feinstofflichen Wesensebene können praktisch alle menschliche Funktionen, z.B. alle Sinnesfunktionen, Organfunktionen, das Wahrnehmen, Fühlen, Verarbeiten, Denken, Sprechen, Wollen und Handeln mehr oder weniger stark beeinflusst werden.

Wir laden höllische Geistwesen zu uns ein, wenn wir Drogenabhängig sind, Alkohol und Nikotinsüchtig sind. Denn alle Süchte kommen nicht von allein, diese werden durch dunkle Wesen herbeigeführt, wer schwach ist wird ein Opfer der Sucht werden und seinen Körper erheblichen

Schaden zuführen. Geistwesen wollen in erster Linie bei Menschen Neigungen und Bedürfnisse, wie sie selbst sie haben, wecken oder befriedigen z.B. Essen, Trinken, Lust, Sex, Trägheit, Herrschaft, Macht, Gewaltausübung, Geltung, Genuss, Nervenkitzel und Abenteuerlust.

Sofern der Fremdeinfluss den Neigungen und Absichten des Menschen entspricht, erfolgt in der Regel eine Verstärkung des menschlichen Bedürfnisses bzw. einer menschlichen Funktion, ohne dass der Mensch erkennt, dass die Zunahme seiner Bedürfnisse oder sonstige Änderungen nicht aus ihm selbst, sondern von einem anderen Wesen stammt. Darum bleiben sie ihm als Fremdeinwirkungen auch meist verborgen.

Dämonische Besetzungen werden oft erst deutlich als Fremdeinflüsse erkennbar, wenn jemand nach einem weltlichen und sündigen Leben zu Gott und seiner Ordnung umkehren möchte und besonders anlässlich bei und nach einer Lebensübergabe an Jesus Christus erfolgte. Aufgrund eines ungläubigen oder sündigen Lebens halten sich immer widergöttliche Wesen bei solchen Menschen auf. Sie wirken aber getarnt bis zur Hin kehr des Beeinflussten zum Wahren, Guten oder gar zu Jesus Christus. Dann kämpfen diese widergöttlichen Geister offen und lassen deutlich ihre Anwesenheit erkennen. Weitere Kennzeichen zeigen sich evtl. während des Gesprächs bzw. Gebetes mit einer evtl. betroffenen Person oder gar auf den Befehl im Namen Jesu, sich zu erkennen zu geben und zu weichen. Wenn dann Manifestierungszeichen erkennbar werden, liegt mit Sicherheit eine negative geistige Beeinflussung bzw. Besetzung vor. Es gibt aber auch Fälle, in denen auch dann keine äußerlich erkennbaren Reaktionen auftreten, aber dennoch eine Befreiung an den positiven Änderungen erkennbar wird. Manchmal bekommt man erst Gewissheit, ob eine Fremdbeeinflussung vorgelegen hat, wenn das betreffende Fremdwesen im Namen Jesu vertrieben wurde. Die dann eintretende Veränderung zeigt evtl. erst, dass tatsächlich ein fremdes Geistwesen der Verursacher der Probleme war.

Die Art von Besetzungen können entstanden sein durch: Übertretungen der göttl. Ordnung durch Sünden gegen Mitmenschen und der Mitwelt. Schwarzmagische Rituale verbunden mit Tieropfern und Opfergaben wie Tabak, Lebensmittel und anderes. Geisterbeschwörungen, Flüche, Besessenheit, schwarze Magie, Verwünschungen, Verstorbene, Magie als Zusammenarbeit mit Geistern. Spiritismus Geisterkontakt mit ungeläuterten, unwissenden oder gar höllischen Geistern. <u>Abgötterei</u> durch Hinwendung und Vergötterung von Ahnen, falschen Göttern, Heiligen, Seligen, aufgestiegenen Meistern, Menschen, Tieren und der Natur. Geistwesen finden Einlass und setzen sich in den feinstofflichen Körper und Aura fest und verursachen Krankheiten. Die Geister um und im Menschen wechseln je nach den Veränderungen seiner Neigungen, Hobbys, Vorlieben und Taten. Gute Neigungen führen zur Verbindung mit dem Himmel, d.h. dass Engel ihn umgeben. Im gleichen Maße, wie jemand von einer bösen Neigung beherrscht wird, hängen sich böse Geistwesen an ihn und weichen nicht. Sie verbinden ihn mit der Hölle.

Das Erkennen von Besetzungen.
Desorientierung, Lustlosigkeit, mangelnde Erdung, schwaches Immunsystem, gespaltene Persönlichkeit, dunkler Schleier, immer Müdigkeit, Nervosität, sie können nicht in die Augen sehen, veränderte Persönlichkeit. Um uns sind meist die gleichen Geistwesen, solange alles

beständig bleibt. Ändern wir unsere vor-lieben oder den glauben, dann ändern sich auch die Wesen um uns. Böse Geistwesen können durch unendlicher Geduld, sich jahrelang um einen aufhalten. Um bei den Menschen seine schwächen zu erkennen und dann Besitz von ihn zu ergreifen. Gedanken, Neigungen und Bedürfnisse, die plötzlich, stark oder gar erpressend oder zwanghaft stark auftauchen, sind fast immer Einflüsse von fremden, Bösen Geistwesen. Ihnen nachzugeben, heißt den fremden Verursachern ein Erfolgserlebnis zu verschaffen. Solche Angriffe erkennen wir, wenn wir mal wieder einen schlechten Tag erleben. Alles geht schief und am Abend sagen wir dann, „Endlich ist der Tag zu Ende" bestanden.

Die gute Geisterwelt wirkt immer unauffällig und unmerklich aufs Denken und Fühlen ein. Den Willen lassen sie dem Menschen frei. Werden ihre unmerklichen Einflüsse angenommen, sind sie wie Eigentum des Menschen. Wir sind was wir Denken. Es ist praktisch so das wir das sind, mit dem wir uns umgeben. Geistwesen beeinflussen unsere Gedanken. Ein Mensch kann mit seinem Denken das Gute aufnehmen und das Böse verwerfen. Gottes Wort sollte der Maßstab sein, ob man auftauchenden Neigungen und Gedanken nachgeben sollte oder nicht. Wer alles mit Liebe tut, der ist auf der sicheren Seite. Liebe ist die ausgesendete Energie, die nur gutes mit sich bringen kann.

Jeder bösartige Geist bzw. Dämon versucht, weitere höllische Helfer zu der Person zu bekommen, um seine Position abzusichern. Diesen Menschen zu möglichst vielen und verschiedenartigen Sünden zu verleiten. Dadurch ermöglicht er auch weiteren Dämonen den leichteren Zutritt zu Menschen. (siehe Kapitel: Falsche Talente.)

Was geschieht, wenn ich die Bösen Geister hinaus treiben möchte?

Erst wenn der fremd beeinflusste Mensch den Plänen der Besetzer zuwider handeln will und z.B. nicht mehr rauchen, trinken oder aus Getriebenheit Sex ausüben will, kommt ein merklicher Konflikt mit dem anders gerichteten Willen des jenseitigen Wesens zustande und dringt evtl. ins Bewusstsein des Beeinflussten. Wir merken erst die Besessenheit, wenn wir uns davon trennen wollen. Sofern die Willensimpulse des jenseitigen Wesens nun überwiegen, wird dies vom beeinflussten Menschen als Zwang empfunden und von außen meist als Sucht oder Verhaltensstörung deklariert.

*

Wenn sich im Falle des Widerstandes mal die eine, mal die andere Seite (Mensch oder Geist) durchsetzt, zeigt sich dies in auffällig wechselnden Gedanken, Impulsen, Gefühlen, Worten oder Taten. Beobachter haben dann nicht selten den Eindruck, es mit verschiedenen Personen zu tun zu haben. Wenn zum Beispiel ein Mensch von nichts, sehr nervös oder hektisch wirkt.

Ein eingedrungener Geist versucht mit allen Mitteln, seine Ziele durchzusetzen und wehrt sich gegen seine Enthüllung und seine Vertreibung. Dazu erzeugt er z.B. die sog. „Entzugssymptome", die es jedem Abhängigen und Süchtigen sehr schwer machen, konsequent einen Entzug durchzuhalten.

Geister haben Zugang ins Gedächtnis, alle Erinnerungen und Gefühle. Können die Lebenskraft stark beeinflussen.

Geister, die beim Menschen sind, können u. anderen die verborgensten und geringsten Dinge seines Gedächtnisses und seines Denkens kennen und wahrnehmen, und zwar viel

116

klarer als der Mensch selbst.

Geister können durch ihre Gedächtniseinblick in kürzester Zeit mehr über die menschlichen Anlagen, Fähigkeiten, Eigenschaften, Tugenden und Laster, seine Bedürfnisse, Motive und Ziele erkennen, als es dem Menschen selbst bewusst ist!

Geistwesen können bewusst oder unbewusst, gezielt oder scheinbar zufällig Erinnerungen und Gefühle aus diesem oder einem früheren Leben eines Menschen neu aktivieren, sofern diese mit ihrem Charakter bzw. Neigungen übereinstimmen. Dadurch können z.B. Tatente Leidenschaften, Vorlieben, Kenntnisse, Laster oder Süchte wieder aktiv werden.

Auch andere Menschen können mit ihren Gedanken und Willensimpulsen solche unbewusste Erinnerungen eines anderen Menschen telepathisch neu aktivieren.

Geister benutzen meist den Wortschatz und die Spracheigentümlichkeiten aus dem Gedächtnis des Menschen. Sie wirken immer auf bereits vorhandenes Wissen, Glauben und Wollen ein und aktivieren es.

Geister benutzen Worte aus dem Menschengedächtnis. So können sie sich mit dem Menschen in seiner Muttersprache unterhalten und sich ebenso klar und gewandt ausdrücken, wie wenn sie in dem betreffenden Land geboren wären und dessen Sprache gelernt hätten. Es ist sehr schwer die Stimmen im Gehirn zu unterscheiden, sind es meine Gedanken oder die eines Geistes. Der unterschied ist meist, das man Fremde Stimmen mit der rechten Seite im Gehirn oder Ohr hört.

Was können wir tun?

Positives Denken ist die größte Herausforderung die der Mensch hat, dann kommen noch positives Denken gegenüber anderen Menschen. Keine Vorurteile gegenüber anderen Menschen zu haben und sich genügend abzulenken. Alles was Gut und positiv ist, ist Gesund für uns. Ob Sport, Malen, Bücher lesen, Musizieren, Natur, Bergsteigen, Angeln, Spazieren und andere viele schöne positive Hobbys nachgehen. Der Mensch ist eine Mensch oder ein Geistwesen, oder alles beides? Wir sind beides, deshalb müssen wir unseren Geist gut schützen wie eine Festung, mit einer guten Festungsmauer und einen Wassergraben da vor, in dem kein Feind hinein kann. Eine Sucht ausgelöst durch Alkohol zum Beispiel lässt ein Loch in der Mauer werden. Nun können Feinde eindringen, und erheblichen schaden anrichten. Oder

ein anderes Beispiel:

Wir kennen aus dem Alltag Situationen, die durch Besetzungen entstehen können. Viele junge Soldaten gehen viele Jahre in Kriegsgebiete, ihnen fehlt nichts. Erst wenn sie nach Hause kommen, sind sie auf einmal am Boden zerstört, weil sie besessen sind, ihnen fehlte nichts als sie noch im Krieg waren, aber jetzt wollen die Geistwesen weiter machen und die machen alles das es weiter geht. Also bekommen viele Wahnvorstellungen, schlimme Bilder kommen immer wieder im Kopf..... u.s.w.

Meist endet das mit einer lebenslangen Therapie durch Psychologen.

Wie geschieht bei einer Heilung wirklich?

Durch das Wissen, das uns Geistwesen immer umgeben, kann jetzt nicht nur die Krankheitsauslöser sondern auch die Heilung von einer anderen Seite aus betrachtet werden.

Da auch hier dieselben energetisch einwirkende Art (himmlische und höllische) Geistwesen uns beeinflussen können, erfolgen auf diese Art auch geistige Heilungen:

In einer Mitteilung aus dem Jenseits heißt es diesbezüglich: Bei Berührung von lebenden Wesen geschieht, z.B. durch das Handauflegen, ein Prozess des Austausches von Lebenspartikeln „Lebensenergie, Prana Energien", den kein Wesen verhindern kann, und der deshalb ohne Wissen und Wollen unwillkürlich vor sich geht. Will nun ein Mensch z.B. besonders auf einen andern einwirken, so besitzt er in seiner Seele, als Herrin des Körpers oder der sie umkleidenden Hülle, die Macht, diese Lebenskraft mehr oder weniger aus sich ausströmen zu lassen; der Mensch wirkt also dadurch, eben weil er will, mehr auf fremde Organismen ein, und kann durch diese Einwirkung Leidenden sehr behilflich sein, indem er ihre gestörten Gesundheitsverhältnisse auf diese Art regeln, oder wenigstens den Impuls dazu geben will. Es gibt dem kranken Organismus von seiner Lebenskraft etwas ab, erregt entweder die nachgelassene Tätigkeit einzelner Organe, um ihnen das zu verschaffen, was ihnen mangelt, oder es führt direkt in den Körper die Elemente ein, welche dem kranken Körper abgehen und nun durch Wechseltausch die Gesundheit wiederherstellen. Die Lebenskraft Prana wird durch göttliche Wesen auf den Geber übertragen. Bei besonders starken Heilern ist davon auszugehen, das in ihm, in seinen Körper ein göttlicher Geist wohnt, der die heilenden Prana Energien auf die Hände überträgt und ihn gleichzeitig vor Bösen Geister schützt, die bei einer Heilung herausfahren.

Diese Lebens Kraft kann somit durch Willensausrichtung verstärkt, auf andere andere übertragen werden.

Wer mit der dunklen Seite kooperiert zum Beispiel Hexen die mit Voodoo Zauber, schwarzer Magie arbeiten, der kann sie heilend oder krankmachend verwenden.

Richter oder Opfer?

Die Menschen sind entweder Richter oder Opfer, bei vielen kommen gleich alle zwei zum tragen in einer Art von Wechselwirkungen.

Ein Täter ist eigentlich ein Opfer, denn die Menschen die im Gefängnis sitzen sind alle Opfer. Opfer da sie keine Liebe bekommen haben, niemand möchte freiwillig Opfer oder Täter sein. Jeder Täter ist doch ein Opfer, da er das ausdrückt und an anderen gibt, was er oder sie nicht hatte. Bei einer Hinrichtung in Amerika beobachtete ich, das die Richter auf einmal Täter wurden. Ein junger Mann sollte Hingerichtet werden, wegen eines Mordes das er nicht gemacht haben sollte, so er selbst nicht verübt habe. Die ganze Familie des Opfers hatten sich versammelt und forderten die Todesstrafe gegen den angeblichen Mörder. So schnell werden aus einfachen guten Bürgern schnell selbst Mörder, da sie wollen das er durch die Hand des Gesetzes bestraft werden soll. Sie forderten die Todesstrafe und der in der Höhle schmoren solle, so die Familie. Dic Todesstrafe ist auf unserer Welt noch sehr verbreitet, immer in der Hoffnung das der so getötete Menschen dann wieder als ein guter Mensch zu uns auf die Erde zurückkehrt. Wer Glaubt das man Böses mit Bösen bestrafen muss? Und durch Böses und Böses, Gutes daraus kommen soll? Ich habe viele junge Menschen gesehen die ins Gefängnis gekommen sind, weil in den meisten Fällen die Liebe in der Familie gefehlt hat. Integrierte geliebte Menschen sind nicht in der Lage Böses zu tun, da sie selbst nur Liebe weitergeben können. Werden solche geliebten Kinder in Konflikte eingesogen ist ihnen nur die Opferstellung möglich. Sie können nie eine Täter Stelle einnehmen, im besten Fall eine Retterstelle einnehmen. Menschen die eine schlechte, mit Gewalt-

Kindheit hinter sich haben, werden später einmal die Opferrolle spielen und im Gefängnis landen, oder aber sie sind dadurch stark geworden und haben richtig Erfolg im Beruf und machen richtig Kariere. Das zweite trifft in den meisten Fällen zu, da diese Menschen einfach stärker sind als andere. Gebt jungen Tätern ein Verantwortung und sie blühen richtig auf. Glauben sie mir, wenn ein junger Mann Tätowiert und frisch aus dem Gefängnis kommt, dann schreckt das jeden ab. Aber was denkt ein junger Mann der in die Freiheit gestoßen wird? Kein einziger entlassener Straftäter verlangt etwas von der Welt da draußen, er macht sich klein fast unsichtbar. Manche von ihnen wollen nach Hause, ins Gefängnis zurück. Das kann man verstehen und wieder wird von einen Opfer (Kindheit) ein Täter (Straftäter) und wieder ein Opfer diesmal aber von sich selbst.

Es gibt immer Täter, Opfer und Retter, aber wer rettet nun Menschen die auf die schiefe Bahn gekommen sind?

Diese Menschen könnten unsere Welt verändern, würden wir ihnen nur mehr Vertrauen und mehr Chancen geben, in dem sie sich mehr selbst verwirklichen könnten. Ihnen mehr Verantwortung in unserer Gesellschaft anvertrauen. Aber will das jemand und warum nicht, haben diese Menschen kein recht auf ein normales Leben wie jeder andere auch? Vor allen junge Leute die in die kriminelle Szene abgestürzt waren, sind schon in der Schule meist negativ aufgefallen. Die Zensuren waren schlecht und überhaupt, fielen sie immer negativ auf. Sie hatten einfach keine Lust den Lehrern zu folgen. Klar das Problem lag wie immer im Umfeld ihrer Familie. Die Eltern hatten sich schlimmsten Falls schon getrennt, der Vater war weg. Die Mutter völlig überlastet und im Dauerstress, Arbeit, Haushalt und Kinder, noch dazu Ärger mit den Vater der mal wieder nicht zahlt. All das geht ob man will oder nicht auf die Kinder über. Kein Wunder also das Kinder in der Schule einfach nur in Ruhe gelassen werden wollen, denn eins muss man wissen, Kinder die schlechte Zensuren nach Hause mitbringen müssen nicht dumm sein. In den meisten Fällen sind sie sogar überdurchschnittlich Intelligent! Das wurde immer wieder bewiesen, leider immer erst wenn die Kinder die Schule schon verlassen hatten. Doch sehen sie ihr Elternhaus, das kaputt ist dann fragt man sich wozu der Aufwand, diese Kinder sehen keine Zukunft. Kinder die in der Schule schlechte Zensuren schreiben, werden von den Lehrern nicht verstanden. Lehrer müssten das Elternhaus viel mehr mit einbeziehen und die Ursachen für die schlechten Noten heraus finden. Aber wer hat die Zeit dazu, Lehrer sind selbst mit den hohen Klassenzahlen überfordert. Denn Klassen mit im Schnitt 23 Kindern sind einfach zu groß, um da einen Überblick zu behalten b.z.w sich speziell um ein- zwei Kinder besonders zu bemühen.

Aber nicht immer müssen Kinder, vor allen Jungen schlecht sein, bei den Mädchen ist das meist umgekehrt, diese haben meist sehr gute Zensuren. Wahrscheinlich können Mädchen mit den Stress im Elternhaus besser umgehen und konzentrieren sich voll auf die Schulischen Leistungen um etwas Liebe und Anerkennung aus dem zerrütteten Elternhaus zu bekommen. Auch später bleiben dann Zielstrebigkeit und Erfolg auch im Beruf. Und nicht selten nehmen diese Kinder die es im Elternhaus schlecht hatten, genau Berufe an indem sie Kindern helfen, denen es genau so erging wie ihnen in ihrer Kindheit. Klar wer kennt sich am besten aus, nur die es selbst am eigenen Leib erlebt haben.

Denn eines muss noch erwähnt werden, die Kinder sind alle etwas ganz besonderes, denn ich weiß auch meine Kindheit war nicht leicht. Die Liebe von meinen Eltern waren Mangelware, wie vieles andere auch. Alle mit einer schlechten Kindheit sind sehr Sensibel, können ganz leicht andere durchschauen. Sie sehen in die Augen, sehen die Bewegung, die Tonart und erkennen am laufen ob der Mensch „Gut oder Böse ist". Alles das ist antrainiert in der ganzen Kindheit über. Und alles um eines zu bewirken, „um zu überleben". Ein Überlebensmechanismus sozusagen der sich Entwickelt hat, um keine Schläge zu bekommen. Redegewandtheit und Schnelligkeit gehören ebenso dazu. Alles zu Schutz des eigenen Lebens und manchmal auch um die noch die kleineren Geschwister zu schützen.

Aber nicht immer muss ein Elternhaus Schuld sein, für ein Kind das übersensibel ist und schlechte Noten schreibt. Manchmal geht es noch weiter zurück in die Kindheit, der Kindergarten zum Beispiel wirkt sich nicht wie die meisten Denken positiv aus, sondern negativ auf unsere kleinen aus. Auch das ist wissenschaftlich bewiesen, sehr viele Studien berichten das die kleinen Kinder es als Strafe auffassen in den Kindergarten zu kommen. Kleine Kinder wollen bei den Eltern sein, in ihrer Umgebung wo sie sich dran gewöhnt haben. Die Liebe der Eltern und vor allen der Mutter ist alles was es braucht um Zufrieden zu sein. Mit wem soll ein Kind teilen wenn es wieder etwas neues kann, wenn die Mama nicht da ist. Ganz schlimm wird es für jene die noch eher in die Kinderkrippe gesteckt wurden, sogar schon mit nur drei bis vier Monate alt, wurden sie von ihrer Mama getrennt. Die folge sind immer wieder, die Kinder sind Ängstlich und Verstummen und das bleibt ein Leben lang, (kann) wenn es nicht aufgelöst wird. Ganz schlimm wird es wenn Kinder die gerade zur Adoption freigegeben werden, wie kann ein Baby das verstehen. Das Kind ist doch an jeden Laut seiner Mutter gewöhnt, dem Geruch und die Bewegung, das sind alles Traumata die ein Leben lang bestehen bleiben.

Bei Erwachsenen hört man dann immer wieder Glaubenssätze wie;

Das Leben ist hart und schenkt mir nichts.

Ich mach immer alles falsch.

Mein Vater will von mir nichts wissen.

Ich hab immer Pech.

Warum trifft es immer mich.

Die anderen haben immer Glück.

Ich werde nicht gebraucht.

Wäre ich nur ein Junge.

Ich kann das nicht.

Und noch viele, viele mehr! Das hören wir immer wieder, leider. Und wenn Glaubenssätze kommen wie; die Familie musste leiden wegen mir. Dann ist das der schlimmste Glaubenssatz an sich selbst. Kinder nehmen alle Schuld auf sich, das ist das schlimmste dabei. Egal was in der Familie vorgefallen ist, Kinder verstehen das Problem nicht, also Denken sie immer sie sind Schuld an allen. Zu oft sieht man Kinder in ihren Zimmern weinen, wenn sich die Eltern streiten. Auch wenn sich Eltern scheiden lassen, glauben die meisten Kinder, sie seien Schuld.

Als wäre unsere Kindheit nicht schon schlimm genug, sorgen auch die Medien (Richter) dafür, das sich viele als Opfer fühlen. Beispiele sind;

Die Gaspreise gehen in die Höhe, weil die Leute zu viel heizen.

Autoabgase sorgen für die Luftverschmutzung, weil die Leute nicht laufen oder öffentliche Verkehrsmittel benutzten.

Zu viel Abfall kommt von den Leuten, da sie die

Verpackung mit kaufen.

Wasserverschmutzung, da sie zu viel Duschen und vieles andere mehr. Hier wird mit Absicht der kleine Mann in die Ecke getrieben und als Sündenbock hingestellt. Das aber nicht stimmt. Denn Autos brauchten schon längst keine Abgase mehr zu haben, würden wir die modernen Technologien nutzen, die schon lange da sind. Für die Umweltverschmutzung ist in erster Linie die Politik/ Industrie verantwortlich, und viele mehr. Das den Leuten die Lust am Leben immer schwerer fällt, ist kein Wunder. Depression und Lustlosigkeit ist normal geworden.

Alle die sich schuldig fühlen sind demnach Opfer und das schlimme dabei ist, das sich alle Opfer ob schon als Kind oder auch später im Erwachsenenalter, eine Schutzmauer um sich bauen. Eine Schutzmauer die aber nun auch keine Liebe mehr an sich ran-lassen. Eine Auflösung aus der Opfer Stellung, zum Beobachter lässt somit wieder zu, das die Liebe fließen kann.

Der gang zum Psychiater bringt in den meisten Fällen auch nichts, außer das er Tabletten verschreibt, aber die Ursache wird dadurch nicht aufgelöst.

Um die Seele wieder auf Vordermann zu bringen hilft nur Interessen zu suchen, den Leben einen Sinn geben. Sich ablenken von allen Negativen und Traumata auflösen, einfach alles durchgehen und nicht die Schuld auf sich nehmen. Last Liebe in eurer Herz und helft anderen die auch solche schlimmen Erfahrungen machen mussten. Keine negativen Berichte ansehen und sich nicht alles so zu Herzen nehmen. Nehmt euch ein Zettel und schreibt alle Interessen auf die ihr so findet und die ihr vielleicht mal machen wolltet. Und los gehts, gerade Kinder mit einer schweren Kindheit haben sehr gut ausgeprägte Sinne, die sie in schlechten Zeiten gut antrainiert haben. Diese Kinder sind als Erwachsene die besten Berater, Kinderärzte, Richter, Sozialarbeiter, Kinderbetreuer, Sozialpädagogen und Polizisten, denn die haben die besondere Spürnase für Verbrechen, oder wenn etwas nicht stimmt in den Familien.

*Wenn man liebt, sucht man die Schuld
bei sich, nicht beim andern.*
von Richard Burton

Weihrauch

Weihrauch, ist das Harz eines arabischen Baumes (Boswellia), zuweilen auch mit einheimischen pflanzlichen Duftstoffen vermischt. Weihrauch war in den antiken Mittelmeer-kulturen ein sehr begehrter, kostbarer Artikel. Dies galt auch im religiös-kultischen Bereich (daher brachten die drei Könige auch Weihrauch zu Jesus).

Durch das Verdampfen des Weihrauchs auf glühender Holzkohle, entstehen duftende Rauchwolken

Die Harz-spendenden Bäume (Boswellia) erreichen Wuchshöhen von 1,5 bis 8 m, haben eine papierartig abblätternde Rinde und bilden bis zu 25 cm lange Blütenstände aus. Das milchige Harz ist in der Rinde zu finden.

Die Weihraucharten wachsen in Trockengebieten um das Horn von Afrika; diese sind Sudan, Eritrea, Äthiopien und Somalia in Arabien Dhofar im Süden Omans, Hadramau im Jemen und in Indien. Der Lebensraum dieser Gehölze reicht in karger Landschaft zwischen Felsen und Klippen Zwischen Ende März und Anfang April beginnt die Gewinnung des Weihrauchharzes, die mehrere Monate lang andauert. Dabei werden den Bäumen Schnitte an Stamm und Ästen zugefügt. Die Harzausbeute pro Baum hängt von Alter, Größe und Zustand des Baumes ab und liegt zwischen 3 und 10 kg. Nach mehreren jährlichen Ernten erfolgt für den Baum eine mehrjährige Ruhepause.

Der Weihrauchgebrauch als Zeichen der Anbetung, Ehrung und Begrüßung Christi, als Segnung der Gläubigen und zuweilen auch zur Abwehr unheilvoller Mächte. Der Weihrauch zeigt an, dass die Gläubigen schon in die Sphäre des Heiligen, die Sphäre Gottes, hineingenommen sind.

Es heißt es in der Offenbarung des Johannes: "Alle trugen Harfen und goldene Schalen voll von Räucherwerk, das sind die Gebete der Heiligen." (Offb 5,8). "Aus der Hand des Engels stieg der Weihrauch mit den Gebeten der Heiligen zu Gott empor." (Offb 8,4). Ebenfalls mit dem Gebet wird der Weihrauch in Psalm 141 in Verbindung gebracht: "Mein Gebet steige zu dir auf, wie Weihrauch vor dein Angesicht." Der Weihrauch steht somit nicht nur für Ehrerbietung und Hingabe, sondern ist auch Symbol für die Bitten und Anliegen, mit denen die Menschen zu Gott kommen.

Weihrauch wird bei besonders feierlichen Gottesdiensten verwendet, bei Vespern, Prozessionen, und auch bei Beerdigungen. Im Sonntagsgottesdienst wird an verschiedenen Stellen beräuchert: Zum Beginn des Gottesdienstes (Altar), vor dem Evangelium, zur Gabenbereitung und zur Wandlung (Inzens des Leibes und des Blutes Christi). In manchen Gemeinden schließen sich an die Beräucherung der Gaben, die Priester und des Volkes an. In Ostergottesdiensten werden zusätzlich Kreuz und Osterkerze beräuchert, in Andachten oder an Fronleichnam wird das Allerheiligste inzensiert. Außerdem wird Weihrauch bei der Kirch-, Altar- und Glocken- weihe sowie Segnungen (z.B. Häusersegnung der Sternsinger) verwendet. Findet auch große Beliebtheit bei der Hausreinigung, Büros u.s.w. um so Böse Geister fern zu halten.

Als Inzens (anzünden,verbrennen),Weihrauchdarbringung oder umgangssprachlich Beweihräuchern bezeichnet man in der Kirche das feierliche Beräuchern mit Weihrauch, wie es in der katholischen und orthodoxen Liturgie in einem Gottesdienstes geschieht. Dabei wird das Weihrauchfass an den Ketten über dem Fass angefasst und hochgehoben, dann erfolgen je nach Art der Inzens unterschiedlich viele sogenannte Züge mit dem Weihrauchfass. Dabei sollen die Ketten hörbar anschlagen. In den antiken Kulturen war Weihrauch der göttlichste aller Räucherstoffe. Kein anderes Harz hat je mehr Verehrung erhalten. Im alten Testament bekam Moses von Gott eine Räuchermischung übermittelt, die Weihrauch enthielt. Und seit dieser Zeit gibt es den "Kirchenweihrauch" bis heute in vielen christlichen Glaubensgemeinschaften

Heilung mit Weihrauch?
Das heilende Potenzial des Weihrauchs wurde recht früh erkannt. Durch die unterschiedlichen Epochen hindurch und an unterschiedlichsten Orten dieser Erde kamen Ärzte zu übereinstimmenden Ergebnissen. Immer wieder genannt wurden Blutstillung, Atemwegserkrankungen, Bronchitis, Magen- und Darmstörungen, Infektionen, Verletzungen und Gelenkschwellungen, womit wahrscheinlich Erkrankungen des rheumatischen Formenkreises gemeint waren. Viele Wirkungen werden heute wissenschaftlich bestätigt. Vor allem Rheuma und entzündliche Darmerkrankungen sprechen gut auf Weihrauch an. Gemeinsam mit Wissenschaftlern der Universität Tübingen und der des Saarlandes haben sie Hinweise darauf, wie es wirkt, auch bei entzündlichen Haut und Schuppenflechte und Gelenkkrankheiten wurden große Erfolge erzielt.

Heute wird meist Boswellia als Medikament angeboten, das Harzextrakt das von den Weihrauchbäumen aus Indien gewonnen wird. Weihrauchmedikamente sollen unter anderen helfen gegen folgende Krankheiten;

•Asthma

•Bauchspeicheldrüsenentzündung

- chronische Polyarthritis

- Gicht

- Heuschnupfen

- zur Unterstützung bei Hirntumoren

- Arthritis

- Arthrose

- Leberzirrhose

multiple Sklerose und noch gegen viele Krankheiten mehr.

Wissenschaftler meinen dass Weihrauch bei mehr als **40** unterschiedlichen Erkrankungen helfen würde! Die medizinischen Anwendungen von Weihrauch waren schon in der Antike vielseitig und wurden von Hippokrates, Paracelsus, Dioskurides und Galen gelobt. Aus Weihrauch wurden allerlei Mittel gegen Erkältungskrankheiten, Wunden und Entzündungen hergestellt. In der traditionellen chinesischen Medizin kennt man ihn als ein wirksames Mittel bei Hautkrankheiten und Erkältungen alle Art. Eine Weihrauchberäucherung und auch die ätherischen Öle können auch wirkungsvoll bei Erkältungen eingesetzt werden. Weihrauchmedikamente gibt es als Kapseln und Creme.

Den Göttern Weihrauch, den Menschen Lob!

von Pythagoras

Osho

Osho war ein war ein indischer Philosoph und Begründer der Neo-Sannyas-Bewegung. Rajneesh Chandra Mohan Jain geboren am 11 Dezember 1931 in Indien und starb am 19.01.1990 in Indien. Er nannte sich Mitte der 1960er bis Anfang der 1970er Jahre Acharya Rajneesh, danach bis Ende 1988 Bhagwan Shree Rajneesh und von 1989 bis zu seinem Tod Osho.

Von Osho gibt es Radiosender, Meditationen, Bücher und unzählige Zitate Osho, auch bekannt als Bhagwan Shree Rajneesh, ist einer der wohl umstrittensten spirituellen Lehrer überhaupt. Der ehemalige Philosophie Professor sammelte eine internationale Anhängerschaft und gründete ein Ashram Meditationszentrum in Pune, Indien. Ohne Zweifel war Osho ein intelligenter und weiser Mann.

Ein Zitat von Osho; *Jeder Mensch kommt mit einem speziellen Schicksal auf diese Welt. Er hat etwas zu vollbringen, eine Nachricht zu vermitteln, eine Arbeit fertigzustellen.*

Chandra Mohan Jain wurde in Kuchwada, einem kleinen Dorf in Madhya Pradesh (Indien), als ältestes von elf Kindern eines Tuchhändlers geboren und die ersten sieben Jahre von seinen Großeltern aufgezogen

Rajneesh wurde früh mit dem Tod konfrontiert. Sein geliebter Großvater starb, als er sieben Jahre alt war. Als er fünfzehn Jahre alt war, starb seine Freundin (und Kusine) Shashi an Typhus. Beide Verluste trafen ihn tief; seine späten Teenager Jahre waren von Melancholie, Depressionen und chronischen Kopfschmerzen geprägt. Er lief in dieser Zeit täglich 15 bis 25 km und meditierte oft bis zur völligen Erschöpfung. Als Jugendlicher wurde Rajneesh Atheist; er interessierte sich für Hypnose und engagierte sich vorübergehend für Kommunismus, Sozialismus. Im Alter von neunzehn Jahren begann Rajneesh sein Studium der Philosophie am Hitkarini College in Jabalpur. Im Jahr1955 schloss er sein Studium am D. N. Jain College mit dem Bachelor-Grad ab. 1957 wurde ihm von der University of Sagar der Master-Grad in Philosophie verliehen. Er erhielt sofort eine Anstellung am Raipur Sanskrit College, war aber auch dort schon bald so kontrovers, dass ihn der Rektor aufforderte, sich binnen eines Jahres eine andere Stelle zu suchen, er habe einen zersetzenden Einfluss auf die Moralität, den Charakter und die Religiosität seiner Studenten. 1958 wechselte Rajneesh deshalb zur Universität Jabalpur, wo er zunächst als Hochschullehrer und ab 1960 als Professor lehrte. Von 1961 bis 1970 begann er mit Vortragsreisen durch Indien. Im Jahr 1966 gab er seine Lehrtätigkeit an der Universität auf und widmete sich von nun an ganz seiner Karriere als Redner und spiritueller Lehrer. Weltbekannt wurde er durch negative Berichte durch die Medien im Jahr 1970. Er sei ein Sex-Guru und habe sich von den Leuten Bereichert, denn nicht umsonst lies er sich mit einen Rolls Royce kutschieren. In einigen Gruppen wie Encounter und Tantra wurde Sex mit wechselnden Partnern angeregt, entsprechend der Bhagwans Lehre, dass sexuelle Blockaden erst aufgelöst werden müssten, ehe das authentische Wesen des Menschen sich entfalten könne. In den Encounter Gruppen wurden auch gewalttätige Konfrontationen zwischen den Teilnehmern zugelassen. Laut Pressemeldungen kamen sogar mehrere Vergewaltigungen vor. Nachdem ein Teilnehmer einen Knochenbruch erlitt, wurden Tätlichkeiten in den Gruppen untersagt.Trotzdem hatten viele Sannyasins und Besucher die Empfindung, an etwas Aufregendem, Neuartigem teilzunehmen. In diesem Gefühl wurden sie auch von Bhagwan bestärkt: „Wir experimentieren hier mit allen Möglichkeiten, die das menschliche Bewusstsein heil machen und einen Menschen bereichern können", sagte er.

Die feindliche Einstellung der umgebenden Gesellschaft schien Bhagwan nichts auszumachen, wenn auch 1980 ein Mordanschlag auf ihn verübt wurde. Vilas Tupe, ein extremistisch gesinnter Hindu, warf während eines Morgenvortrags ein Messer nach ihm, verfehlte jedoch sein Ziel. **Seine Einnahmequelle waren Therapien und Meditationskurse, indem Menschen sich selbst finden sollten.** Auch die synkretische Kombination von östlichen Meditation und westlichen Therapietechniken spielte eine wesentliche Rolle. „Sie kamen zu ihm, um von ihm zu lernen, wie man meditativ lebt. Sie fanden in ihm den einzigen spirituellen Meister, der das Konzept der holistischen Psychologie vollkommen verstanden hatte und den einzigen der sie als Mittel dazu zu benutzen wusste, Menschen auf höhere Bewusstseinsebenen zu bringen". Angesichts der immer weiter anwachsenden Besucher-zahlen und der feindseligen Einstellung der Stadtverwaltung zogen Bhagwans Schüler einen Umzug nach Saswad, etwa 30 km außerhalb von Poona in Betracht, wo sie eine landwirtschaftliche Kommune aufbauen wollten. Doch eine Brandstiftung und die Vergiftung eines Brunnens in Saswad machten deutlich, dass der Ashram auch dort nicht willkommen war. Ein anschließender Versuch, in Gujarat Land für den Ashram zu erwerben, scheiterte am Widerstand der lokalen Behörden. Bhagwans Gesundheit verschlechterte sich gegen Ende der 1970er Jahre. Sein persönlicher Kontakt mit Sannyasins wurde schon ab 1979 reduziert. Aus den abendlichen Darshans wurden Energie-Darshans statt persönlicher Gespräche fand nun eine „Energieübertragung" statt, bei der Bhagwan mit seinem Daumen auf das in der Mitte der Stirn befindliche „dritte Auge" des Schülers drückte.

Bekannt und sehr beliebt sind seine Meditations Arten und Zitate die wohl noch lange unsere Herzen erfreuen werden. Er war schon etwas besonderes, für die damalige Zeit. Er hat die Menschen dazu gebracht neue Wege zu gehen, es gibt Weltweit tausende Anhänger. Gern ein paar Zitate von „Osho", dessen Name übrigens „Ozeanisch" heißt.

Wenn Du eine Blume anschaust, dann werde die Blume, tanze um die Blume herum, singe ihr ein Lied. Lass die Blume zu Deinem Herzen sprechen, lass die Blume in Dein Wesen eindringen. Lade sie ein, sie ist dein Gast. Dann wird Du etwas vom Mysterium spüren.

Wenn Du unschuldig bist brauchst Du keinen Mut. Du brauchst auch keine Klarheit, denn nichts ist klarer als Unschuld Es geht also einzig und allein darum, wie man sich seine Unschuld bewahren kann.

Höre auf Dein eigenes Herz, das ist die wichtigste Schrift. Höre sehr aufmerksam und sehr bewusst zu, dann wirst Du nie etwas falsch machen. Dann wirst Du nicht darüber nachdenken was richtig oder falsch ist. Vielleicht wird es Dich manchmal in Gefahr bringen, aber diese Gefahren brauchst Du um zu reifen.

Das Leben hört nicht auf Deine Logik, es geht ganz gelassen und ungestört seinen Gang. Höre auf das Leben, denn das Leben hört nicht auf Dich. Es kümmert sich kein bisschen um Deine Logik.

Du kannst nicht aufrichtig sein, wenn Du nicht mutig bist. Du kannst nicht liebevoll sein, wenn Du nicht mutig bist. Du kannst nicht vertrauen wenn Du nicht mutig bist. Du kannst die Wirklichkeit nicht erkunden, wenn Du nicht mutig bist. Deshalb ist Mut das Wichtigste. Alles andere folgt von selbst.

Meditation ist einfach nur Mut, still und alleine zu sein. Langsam und allmählich beginnst Du dann eine neue Qualität in dir zu verspüren, eine neue Lebendigkeit, eine neue Schönheit, eine neue Intelligenz die nicht von anderen geborgt ist, die in dir selber wächst. Sie wurzelt in Deiner Existenz und wenn Du kein Feigling bist, wird sie zur Blüte kommen und Früchte tragen.

Wenn Du die Wahrheit einmal begriffen hast, dann kannst Du sie unmöglich wieder vergessen. Das ist eine der Eigenschaften der Wahrheit. Das man sich nicht an Sie zu erinnern braucht.

Einige Meditationen von Osho sind wie folgt;

Nataraj Meditation, Devavani Meditation, Dynamische Meditation,   Mandala Meditation und die Kundalini Meditation. Die aktiven Meditationen von Osho wurden für den modernen Menschen entwickelt. Sie führen zunächst durch eine Phase von Bewegung und Ausdruck, in der sich der Meditierende von im Körper festgehaltenem Ballast des Alltags befreien kann. Das erleichtert den Zugang zu Stille, Achtsamkeit und entspanntem Sein. In Deutschland werden

Osho Meditationen inzwischen von Volkshochschulen, Fitnessstudios, Psychosomatischen Kliniken, Krankenkassen angeboten und in der Personalentwicklung vieler Unternehmen praktiziert.

Beispiel; bewusstes Sterben

Der Übende legt sich mit geschlossenen Augen hin und lässt sich einfach „treiben", dabei entspannt er sich. Wer sich so gehen lässt, dessen Atem wird langsamer, jede Zelle wird spürbar und Gefühl langsamer Auflösung entsteht: Eine positive Leere breitet sich nach und nach aus; das Ego wird flüchtig. Diese Meditation ist am besten kurz nach dem Zubettgehen auszuüben; wenn der Körper dabei in den Schlaf gleitet, kann aus dem Schlaf eine Meditation werden. von Osho

*

Seine 10 Gebote sind eine heikle Angelegenheit, denn er hat was gegen Gebote jeglicher Art. Dennoch, nur so zum Spaß, schrieb er:

Lass Dir von niemandem Gebote vorschreiben, es sei denn sie kommen auch aus Deinem Innern.

Es gibt keinen anderen Gott, als das Leben selbst.

Die Wahrheit ist in Dir; suche nicht woanders nach ihr.

Liebe ist Gebet.

Ein Nichts zu werden ist das Tor zur Wahrheit. Denn schon das Nichts selbst ist das Mittel, das Ziel und die Erfüllung.

Das Leben ist hier und jetzt.

Lebe hellwach.

Schwimme nicht, lass Dich treiben.

Stirb jeden Augenblick, so dass Du jeden Augenblick neu geboren werden kannst.

Suche nicht. Was ist, ist. Halte Inne und sieh.

Er hatte viele Freunde und Anhänger (heute noch) aber er hatte auch viele Feinde, die ihn das Leben schwer machten. Aber alles in allen hat sich sein Auftritt hier auf unserer Welt gelohnt, die Menschen zum umdenken gebracht und großes bewirkt, auch wenn das eine oder andere nicht ganz so richtig war.

Oshos Gesundheitszustand wurde zunehmend schlechter; im April 1989 hielt er seinen letzten öffentlichen Vortrag. Den Rest dieses Jahres saß er abends nur noch schweigend mit seinen Sannyasins zusammen in der Meditationshalle des Ashrams. Ende 1989 starb seine Gefährtin Vivek, anscheinend von eigener Hand. Osho starb sechs Wochen später am 19. Januar 1990, im Alter von nur 58 Jahren. Nur Stunden später wurde sein Leichnam im Beisein von hunderten schockierter, aber feiernder Sannyasins verbrannt.

Osho und seine Multiversities; Der durch seine früher nur Orange tragenden Anhänger, die Sannyasins mit ihrer Mala, einer Kette mit den Bild des Meisters, bekannt gewordene Guru Bhagwan Shee Rajneesh gilt als einer der größten spirituellen Meister unseres Jahrhunderts!

In der Mitte sein

Unsere Gedanken machen was sie wollen, sie kommen und gehen und nichts kann sie stoppen. Sei in der Allgegenwart, deine Gedanken beziehen sich immer entweder auf deine Vergangenheit oder deine Zukunft. Ich will aber in der Mitte sein, im „Hier und Jetzt". Wir können nur darüber nachdenken, was in der Vergangenheit passiert ist, oder was in der Zukunft passieren wird. Unsere Gedanken, denken über die Vergangenheit und sind in der Regel Reue Gefühl über das, was wir nicht erledigt haben, oder Schuldgefühle über das, was wir gemacht haben. Gedanken über die Zukunft bestehen meist aus Wünschen, die wir uns noch erfüllen möchten. Der Mensch braucht die treibende Kraft um vorwärts zu gehen. Sich selbst Loben und zu etwas bedrängen was uns schwer fällt. Verstehe bitte, in Wirklichkeit gibt es weder Vergangenheit, noch Zukunft. Die Vergangenheit ist tot und vorbei. Meistens lernen wir nicht einmal etwas aus der Vergangenheit. Alles was wir tun, ist zu versuchen, die Zukunft nach dem Vorbild der Vergangenheit zu wiederholen. (wenn sie gut war) Unsere Kindheit hat uns geprägt, für gehorsam und Fleiß gibt es einen Preis.

(Tageszeitschriften berichten immer aus Vergangenheit oder aus der Zukunft.)

Die Zukunft ist sogar noch unwirklicher. Sie ist noch nicht geschehen. In dem Zustand, in dem wir uns befinden, haben wir sehr wenig Kontrolle über die Zukunft, denn unsere Zukunft wird vom unbewussten Teil unserer Psyche gesteuert. Wir werden von den dort gespeicherten Erfahrungen der Vergangenheit geleitet. Unsere Gedanken sind nichts anderes, als das Hin und Herspringen unseres

Verstandes zwischen Vergangenheit und Zukunft. Unser Verstand will niemals ausruhen. Würde er nämlich ausruhen, könnten wir entdecken, dass es auch ohne ihn geht! Wenn wir unserem Verstand nur erlauben würden, auszuruhen oder wenn wir ihn überreden könnten, auszuruhen, dann würden wir den glückseligen Zustand erreichen den wir je hatten. Dieser Zustand ist im gegenwärtigen Moment zu finden. Unsere gesamte Zukunft entsteht in diesem gegenwärtigen Moment. Es sind unsere Entscheidungen in diesem Moment, welche unsere Zukunft erschaffen. Wenn wir uns gewissenhaft um den gegenwärtigen Augenblick kümmern, wenn wir den gegenwärtigen Augenblick bewusst leben, dann haben wir keinen Grund mehr, unsere Vergangenheit zu bereuen oder dich wegen ihr schuldig zu fühlen. Meditation bringt den Verstand dazu, auszuruhen. Meditation schaltet den Verstand aus, damit er aufhört seinen Einfluss auf uns auszuüben. Den gedankenlosen Zustand können wir auch in der Gegenwart eines Meisters erfahren. Der Meister ist immer in einem gedankenlosen Zustand, welcher dem Null Zustand entspricht. Wenn wir uns in der Nähe seines Gewahrsein befinden, entweder körperlich oder anders, sinkt auch unser Aktives denken. Wir können die Mitte einfach dadurch erreichen, dass wir uns in der Gegenwart des Meisters aufhalten. Die Gegenwart des Meisters ist Meditation, zu empfangen und zur Ruhe zu kommen. Das überträgt sich auf alle Organe und Muskeln im unseren Körper. Wenn unser Gehirn die Sendezentrale ist, dann sind Muskeln und Sehnen die Empfänger. Egal was wir denken unsere Hand, Finger oder der Arm ist schon startklar. Wissenschaftler haben die Aktivität der Muskeln gemessen uns festgestellt, das unsere Muskeln schon angespannt sind bevor der Befehl vom Gehirn ausgesendet wurde. Praktisch

141

kommuniziert der gesamte Körper, Organe und Muskeln untereinander, nur warten sie auf den letzten Befehl. Eigentlich könnte alles ganz allein laufen. Aber da sind noch Angst und Stress die uns Blockieren können, die richtigen Entscheidungen zu treffen. Das muss im Gehirn ab gecheckt und analysiert werden. Unsere Sinne sind noch wie früher, „auf Gefahr aus", es könnte ja ein Tiger auf mich zu kommen. Alles ist Gefahr, von früh bis in die Nacht. Darum haben wir Augen, Ohren und schnelle Beine, gebe es keine Gefahr brauchten wir diese Sinnesorgane nicht. Wenn wir in die feinstoffliche Welt rüber gehen, haben wir keine Gefahr, somit brauchen wir keine Kraft um uns zu beschützen und uns zu wehren.

Stress macht unser Leben schwer, denn Stress macht bekanntlich krank.

Um die Auswirkungen von Adrenalin auf den modernen Menschen zu untersuchen, wurden Experimente an Athleten durchgeführt. Man ließ Hundertmeterläufer in Startposition gehen und der Startrichter erhob seinen Arm, um mit einer Pistole das Startsignal zu geben. Er brach den Start jedoch wieder ab, indem er den Arm senkte. Die Sprinter lockerten sich und nahmen dann ihre Position an den Startblöcken wieder ein. Diese Prozedur wurde sieben Mal wiederholt. Ohne auch nur einen Meter zu laufen, es brachen einige Sprinter an ihren Startblöcken zusammen. Der Adrenalinspiegel in ihren Körpern hatte ein bedrohliches Ausmaß erreicht. Das lebensrettende Adrenalin kann zum Killer werden, wenn es ohne Grund produziert wird. Einen weit größeren Teil des Problems bildet die emotionale Verfassung. Inzwischen ist eindeutig bewiesen, dass emotionale Belastungen als Auslöser für Herz und Schlaganfälle gelten, auch wenn die körperliche Disposition dafür schon lange vorhanden war. Stress ist ein Killer, aber

142

er befindet sich in unserem Kopf. Denn Selbständige die unter Stress leiden haben keine krankhaften Nachwirkungen zu befürchten, anscheinend wird der Stress durch Selbstlob wieder aufgehoben. Untersuchungen ergaben das Selbständige sehr Gesund sind und auf Stress ganz anders reagieren. Vielleicht ist es eben doch so das wir einfach in der Mitte bleiben müssen, um Gesund zu sein. Wenn uns jemand etwa Befiehlt ist das schlechter Stress, was wir selbst praktizieren ist guter Stress. Unser Gehirn möchte gezielt gefördert werden, alle Taten von außen werden kritisch angenommen. Der Mensch ist praktisch ein freier Mensch der zufrieden ist, solange er mit seinen eigenen Gedanken sein eigenen Stress machen kann. Fremdeinflüsse jeglicher Art schaden hin anscheinend, außer es ist mit Liebe behaftet. Denn wo die Liebe ist, da gibt es auch keinen Stress. Von der Liebe ist noch niemand krank geworden, zumindest kenne ich keinen. Die Liebe hat die größte Heilkraft auf unseren Planeten Erde, sie kann wirklich alles heilen. Liebe deine Arbeit, und Sie haben niemals das Gefühl arbeiten zu müssen. Liebe deinen Feind und er wird aus deinen leben gehen. Liebe dich selbst und wir werden nie über unsere körperliche Belastbarkeit hinausgehen.

Schon Aristoteles, Sokrates und Konfuzius beschäftigten sich mit dem Leben in Harmonie, Seelenfrieden und der inneren Mitte. Die Grundvorstellung besteht darin, dass alles bis ins Extrem gesteigert werden kann. Die goldene innere Mitte ist ein Gleichgewicht zwischen diesen beiden Polen. Es ist also beispielsweise nicht gut immer nur auszuruhen und in den Tag hinein zu leben. Andererseits ist es ebenso wenig gut, bis zum Umfallen zu schuften. Wer das Gleichgewicht zwischen Ruhe und Arbeit schafft, findet in diesem Bereich seine innere Mitte, das innere ich. Allerdings gehören zum Leben mehrere Bereiche, die wir in die Balance bringen müssen. So achten viele erst dann auf ihre Gesundheit, wenn Sie nicht mehr arbeiten können. Andere merken viel zu spät, dass sie keine Freunde mehr haben, weil sie diesen Lebensbereich zu wenig beachtet haben. Viele sagen „nur noch bis zur Rente", aber dann ist es zu spät. Noch schlimmer ist es, wenn die Familie auf dem Weg zum Erfolg auf der Strecke bleiben. Keine Frage Optimisten leben länger. Durch ihre positive Grundeinstellung haben Optimisten ein stärkeres Immunsystem. Sie leben zufriedener, als Pessimisten und verfügen daher über eine innere Balance, die ihnen ihren Seelenfrieden spendet. Deshalb sind sie in der Regel produktiver, strapazierfähiger und leistungsstärker. Leider haben wir heute viele Menschen die nur an sich glauben und nicht an etwas höheres. Menschen brauchen wieder den glauben und Ziele. Denn es machen sich immer breit Depressionen, Angst vor der Zukunft, Angst vor Gefühlen, Angst vor Vertraulichkeit, Angst sich zu wehren, Angst allein zu sein.

Der Buddha identifizierte vor 2500 Jahren Verstrickungen wie Gier, Neid, Hass und Verblendung als Ursache des größten Leides. Sie sind nach wie vor die Ursachen aller Probleme. Aber das größte Leid, der größte Dämon des 21. Jahrhunderts scheint mir die Angst zu sein. Angst in Verbindung mit einer wachsenden Sinnlosigkeit in diesem Leben. Wer einen Sinn in seinem Leben sieht, hat deutlich weniger Ängste. Wer vom Glauben Gottes erfüllt ist, braucht keine Angst zu haben und stellt sich nicht den dunklen Mächten zur Verfügung. Er kennt seinen Weg, hat in aller Regel auch ein Ziel. Damals vor über 2000 Jahren war alles genau wie heute, auch da kannte man

Depressionen, Angst und Hilflosigkeit, das kommt alles weil der Mensch sich allein fühlt. Verlassen zu sein ist der größte Schmerz in allen Zeiten, wie auch vor zehntausenden von Jahren. Menschen die an Gott glauben, sind nicht einsam. Es ist eine Verbindung zum Himmel die uns aufrecht und in der Mitte sein lässt. Kein schwanken mehr nach links und rechts, wer sich zu weit von seiner Mitte entfernt, kommt schwer wieder zurück. Unsere Gedanken drehen sich immer im „vor und zurück", zwischen „Zukunft und Vergangenheit", leben wir doch im „Jetzt und Hier". Jede Sache die wir machen sollte wir mit höchster Freude und Gewissenhaft machen. Das stärkt unser Selbstwertgefühl enorm. Denn alles was wir gut machen, macht uns richtig Spaß und gibt uns neue Kraft für neue Aufgaben.

Der Glaube besiegt die Angst.
Lutz Brana

Der christliche Glaube ist wie eine großartige Kathedrale mit herrlichen bunten Fenstern. Wer draußen steht, sieht sie nicht. Aber dem, der drinsteht, wird jeder Lichtstrahl zu einem unbeschreiblichen Glanz.
Nathaniel Hawthorne

Die Heilung von Mister X

Ich entdeckte meine Gabe schon als Kind mit ungefähr fünf Jahren. Das Heilen bekam ich durch ein Nahtoderlebnis, von da an wusste ich, ich heile alles was zwei oder mehr Beine hat. Ich weiß noch als ich aus dem Krankenhaus nach Hause kam, war der erste der dran war, unser Schäferhund, der auf dem Hof lebte. Ich hatte damals eine Gehirn-hautentzündung gehabt und das ohne irgendwelche folgen zu haben, das ist schon ein Wunder. Im laufe meiner Kindheit ging das Wunder verloren, es brauchte ja niemand und das ich später als Jugendlicher immer wieder mit Krankheiten und Unfällen konfrontiert wurde, nutze ich nicht. Ich hatte es schlichtweg vergessen oder ich traute mich nicht, damit mich niemand auslacht. Gerade als Jugendlicher hat man andere Gedanken im Kopf. Ich lernte einen Beruf, wechselte immer wieder die Arbeiten, wurde selbständig, aber auch das lief nicht so gut wegen der Wirtschaftskrise in Deutschland. So schien die Zeit zu vergehen und irgendwann war ich Mitte vierzig, das Heilen war nie richtig vergessen, ich wandte es regelmäßig an meinen Kindern an. Es ist ganz normal das die Hände wie von selbst über den Kopf oder an die Stelle gehen die weh tun. Wenn meine Tochter Kopfschmerzen hatte, so legte ich meine Hände auf den Kopf und die Schmerzen verflogen so schnell, das wenn ich fragte ob sie noch Schmerzen habe, mir Antwortete „Was für Schmerzen?" Es war so normal für mich zu Heilen, aber in den Sinn zu kommen anderen zu helfen, den Sinn kam mir nie, bis ich anfing zu schreiben. Ich befasste mich schon als Jugendlicher mit Esoterik, klar Zauberei, Hexen und jede Art von Magie interessierte mich. In den vielen Jahren las ich so viele Bücher und merkte schnell, das viele Menschen nicht mal an die einfachsten

Dinge glaubten. Der Auslöser das ich anfing zu schreiben war der, das Menschen über Sachen Berichten die sie niemals gesehen haben, also nicht Beweisen können. Das waren Elfen oder Engel, Schutzengel und Erzengel, um darüber zu schreiben, sollte man sie wenigstens einmal gesehen haben. Ich habe sie gesehen und darum sagte ich meiner Frau, ich habe keine Ahnung wie man Bücher schreibt, aber ich muss es einfach tun, die Menschen sollen Erfahren das es Engel gibt und noch so viel mehr, wovon viele Menschen niemals glauben würden. Aber wenn Autoren über Dinge Berichten, die sie niemals gesehen haben und fest daran glauben, das ist das natürlich auch gut. Denn wie sagte Jesus Christus „Wer mich sieht und an mich glaubt ist weise, aber wer mich nicht sieht und an mich glaubt der ist Heilig!" Also fing ich an zu schreiben, ich nutzte das gleich aus und arbeitete so meine gesamte Kindheit auf, die auch nicht so einfach war. Auch alles herum was mir nicht passte auf der Welt, ließ ich Buchstabe für Buchstabe, Text für Text in das Buch einfließen. Ich wurde immer heller und befreiter und da kamen auch die vielen Erlebnisse aus dem spirituellen Bereich mit hinein. Ich versuchte immer auf einfache weise den Mitmenschen die andere Welt verständnisvoll rüber zu bringen. Denn ich möchte keine Angst verbreiten, sondern nur mehr Aufgeschlossenheit zu Dingen, auch außerhalb unserer Wahrnehmungen. Mein erstes Gebot „Liebe deine Mitmenschen, Brüder und Schwestern" mit Liebe kannst du alles im Leben erreichen. Wirklich alles glauben sie nicht? Ich Beweise es ihnen, als ich mit meiner Familie in Weißrussland zu Besuch war, parkte ich mein Auto fünf Meter hinter einen Zebrastreifen, das war ein Fehler. Denn in Russland müssen zehn Meter Abstand eingehalten werden. Als wir vom Einkaufen vom Markt zurückkamen

147

war mein Auto weg. Abgeschleppt, wir riefen die Miliz an und die sagten uns wo sich das Auto sich befand. Ich blieb völlig ruhig, denn ich wusste für alles gibt es eine Erklärung. Angekommen auf einen Parkplatz der Miliz fanden wir unser Auto. Ich wusste ganz genau wenn jemand einen Fehler gemacht hatte dann ich, mir kam der Gedanke das die Gesetzesmacher daran schuld sind. Aber ich dachte nicht einmal, das der Polizist oder der Abschleppwagen Fahrer auch nur im geringsten Schuld daran sind. Ich Bezahlte die Abschleppgebühr und die Strafe für falsches Parken wurde mir als Deutscher einfach so erlassen. Die Liebe zu meinen Mitmenschen lässt es mir einfach leichter leben. Niemand zu beschuldigen und immer bei sich die Fehler suchen, das ist ein Gebot an das man sich immer halten sollte. Ich sah den Polizisten nicht als Polizisten, sondern als mein Bruder an, die Energien gingen zu ihn über, und er ließ alle Strafen einfach fallen.

Aber nun weiter, als ich mein erstes Buch schrieb kam ich auch an den Punkt der Geistheilung, ein heikles Thema fand ich. Denn hier traut sich niemand offen darüber zu reden und in Zeitungen ließ ich auch noch nie über Heiler. Die werden hier wir Hexer behandelt, man geht hin aber nur heimlich, „denn das darf ja niemand wissen". Irgendwie wusste ich, ich habe die Heilkraft nicht umsonst bekommen, ich musste und wollte sie auf jeden Fall anwenden. Ich habe schon meine ganze Familie geheilt jetzt muss ich Nägel mit Köpfen machen, aber wie? Denn ich weiß das ein jeder im Leben eine (oder im meinen Fall gleich mehrere) Lebensaufgaben zu erfüllen hat, die Zeit ist begrenzt, bis ca. 50 Jahre! Danach wird man einen schweren Unfall erleiden oder schwer Krank werden, das wollte ich nicht. Meine Frau fand eine kranke Frau die schon zehn Jahre in Behandlung war und starke Tabletten zu sich nehmen musste. Sie litt unter einer starken Nervenkrankheit und konnte Nachts nicht schlafen, hatte schwere Alpträume. Diese Frau war so sehr krank, das es ihr schon egal war, wer ihr half, Hauptsache es hilft. Sie gab mir ein Bild von sich und ich fing an, am Abend eine Fernheilung durchzuführen. Abend für Abend für ca.20 Minuten ging ich auf Reise, ich ging zu ihren Körper und reinigte sie von allen dunklen Energien und suchte den Grund für die Krankheit, der wohl in ihrer Kindheit lag. Schon bei der zweiten Fernheilung sprach sie zu meiner Frau über deutliche Verbesserung des Gesundheitszustandes. Nach einer Woche kam die Frau auf Arbeit völlig hell im Gesicht und Aura und befreit und Gesund. Sie konnte wieder Schlafen und die Alpträume haben sich aufgelöst. Sie hatte die Tabletten abgesetzt und fühlte sich zum „Bäume raus reisen fit". Ich fand heraus das in ihrer Kindheit ein Trauma gab, das dazu führte das sie krank wurde.

Wenn man solche Nachrichten hört, dann kann es doch einen nicht mehr im Sitz halten. Das ich über solche Kräfte verfüge, hätte ich nicht gedacht, nicht mal in meinen kühlsten Träumen. Klar das ist nicht nur mein Verdienst, der Glaube und meine treuen Geistwesen (feinstoffliche Brüder und Schwestern) an meiner Seite erfüllen ihren Zweck und machen das aus mir, der ich jetzt bin. Wenn ich es will!

Aber zu wissen, zu was man imstande ist und fähig ist, „Ich wollte mehr!"

Die geheilte Frau war so Happy und wollte es anderen mitteilen, aber die Menschen hatten Angst oder meinten es dürfe keiner Erfahren. Warum? Ich weiß es nicht, anscheinend ist das übersinnlich, mit Hexen in Verbindung gebracht, das Leiden der Menschen ist aber natürlicher Herkunft, das heilen nur mit den Händen einfach übernatürlich. Es kann, und darf es nicht geben, warum?

149

So vergingen Tage und Wochen, bis eines Tages ein ganz schlimmer Unfall die Schlagzeilen machte. Es war Mister X. Ich saß in meinen Sessel und hatte niemand den ich heilen konnte, da dachte ich warum eigentlich nicht. Wenn nicht er, wer sonst auf der Welt braucht jetzt meine Hilfe mehr denn je! Also gedacht, getan ich fing an mich mental einzustimmen, immer Abends weil da die besten Energien vorhanden sind b.z.w. am stärksten sind. Klar überlegte ich ob das richtig sei was ich hier mache, denn ich weiß wenn ich jemanden heile, muss ich ihn um Erlaubnis fragen. Bei Kindern frage ich die Eltern, aber bei Mister X? Ich müsste seine Frau fragen, aber persönlich fragen geht nicht, mich kennt doch niemand. Jeder würde mich abweisen auch nur in die Nähe von Mister X oder seiner Frau zu kommen. Das ist klar und versteht sich von selbst, wäre ich ein bekannter Heiler, hätte ich vielleicht eine Chance gehabt, aber so?

Ich wusste das Mister X, Zustand war sehr kritisch war, also kein Spaß was ich da mache, sondern vielleicht die größte Herausforderung in meinen gesamten Leben. Er lag seit Wochen unverändert im Koma und Ärzte konnten ihn nicht aus dem Koma herausholen.

Es gab nur einen Weg, nutze die Energien im Äther, ich muss es schaffen, zu seinen Geist vorzudringen.

Mit Reisen in anderen Dimensionen, wo verstorbene Leben nach ihren Tod, oder zu Menschen im Himmel hatte ich schon Erfahrung gemacht. Ich besuchte regelmäßig meine Mutti im Himmel und unterhielt mich mit ihr. Egal was ich mache auf der großen weiten Welt, nichts aber auch gar nichts bleibt ein Geheimnis. Die feinstoffliche Welt ist mit unserer Welt verbunden und egal was du Denkst und machst, „alles" ja wirklich alles weiß die himmlische Welt da draußen. Auch warum ich das mache, denn Gedanken sind Energie und Energie ist ewig vorhanden. Das was ich mache, mache ich weil ich alle Menschen vom ganzen Herzen Liebe und wenn ich helfen kann, dann mache ich das auch. So begann ich mit den Fernheilungen, als erstes fing ich an meine Hände auf Mister X Kopf zu legen, nein nicht direkt sondern mit ein wenig Abstand. Er hatte damals noch einen einen Verband um seinen Kopf gewickelt. Ich konnte alles sehen wenn ich im Trance war, ich sah auch seine Frau und seine Kinder. Wenn meine Hände so für eins bis zwei Minuten über seinen Kopf waren, begann auf einmal meine Schädeldecke wie wild zu Schmerzen an. So sehr das ich erschrak und aufhören musste. Erst später lernte ich das ich Schmerzen einfach übernehmen konnte, von da an wusste ich dass, das was ich mache richtig war, ich heilte Mister X Schädelfraktur und das merkte ich ganz deutlich an meinen eigenen Kopf. Natürlich habe ich immer als erstes versucht Mister X zu erreichen, er befand sich nicht im Körper, sondern war mit seinen feinstofflichen Körper in eine Art Zwischenwelt aus dem Körper herausgegangenen. Er konnte den Körper aber nicht ganz verlassen, da er mit der Silberschnur (wie bei der Geburt der Babys, die Nabelschnur) mit seinen Körper verbunden war. Ich habe ihn gerufen, es dauerte lange bis er mir nach Minuten endlich Antwortete, er klang überängstlich. Er ertrug die starken Schmerzen in seinen Körper nicht mehr, deshalb hielt er sich außerhalb von seinen Körper auf. Ich bat ihn immer wieder in seinen Körper zurück zu kehren, seine Familie brauche ihn doch so sehr. Aber seine größte Besorgnis war wohl, das er als einer der größten Gewinner und Erfolgreichster Mensch der Welt, jetzt auf andere angewiesen sein musste. Er wollte einfach nicht zurück, und ich konnte ihn voll verstehen. Denn ich versetzte mich immer in die Lage der anderen hinein, immer sollte man Dinge und Umstände von verschiedenen Seiten betrachten.

151

Ich fragte ihn ob ich ihn heilen darf und er willigte ein, erst ein kleines ja, dann ein großes „JA", antwortete er mir, das war das wichtige Signal, damit ich mit meiner Arbeit weiter machen konnte.

In all meinen Sitzungen gehe ich in eine feinstoffliche Welt über, dabei verändert sich mein Charakter und Liebe zu unseren Menschen überhaupt nicht, egal ob hier, oder drüben in der feinstofflichen Welt, ich gebe mein Bestes. Meinen Körper fühle ich nicht mehr, das Herz läuft langsam, die Atmung auf ein Minimum. Die Hände wie eine Antenne ausgerichtet.

Durch meine Verbindung mit der feinstofflichen Welt, habe ich mit ihnen ausgemacht, das ich über den Zustand von Mister X informiert werde. Ich hatte mir ausgedacht das ich Informiert werde, dadurch das auf Zeitschriften „die Schlagzeile" seinen gesundheitlichen Zustand mitteilen. Nach Wochen intensiver Heilübertragung zu Mister X las ich die ersten Zeitungen-Schlagzeilen auf den bekanntesten Klatsch und Tratsch Zeitungen im Supermarkt. Mister X Zustand ist schlagartig besser geworden. Das war sehr wichtig für mich, denn ich konnte mich nicht verlassen auf meine Gefühle, ich wollte Beweise für meine Arbeit. Später viel später, wusste ich er ist aus dem Koma aufgewacht, lange bevor die Zeitungen davon Berichteten. Ich Verstand das Informationen nur sehr verspätet hinaus gelangten, wahrscheinlich hatte seine Frau und die anderen Familienangehörigen immer Angst, das mit Rückschlägen zu rechnen ist. Im Sommer 2014 hörte ich für kurze Zeit erst mal auf mit den Heilübertragungen, ich wusste er muss an sich selbst arbeiten. Dass das ein schwerer Weg sein würde war mir klar, und ich muss gestehen das mit meiner Arbeit eine außergewöhnlich große Last auf mich genommen habe. Eine Verantwortung über ein Menschenleben zu haben ist die größte Verantwortung überhaupt.

War alles richtig, was ich gemacht habe? Viele fragen gingen mir durch den Kopf, aber was hätte ich machen sollen. Sollte er zwanzig Jahre im Koma liegen? Dann wäre sein Leben vorbei, und seine Kinder, seine Frau und Eltern und sein Bruder?

Nein ich habe richtig gehandelt, da bin ich mir sicher. Wenn man etwas anfängt dann bring ich es zu Ende. Es ist mein kleiner Bruder und er ist mir richtig ins Herz gewachsen. Als hätte man eine Patenschaft über einen hilfebedürftigen Menschen übernommen, danke lieber Gott das du mir diese Aufgabe übergeben hast.

Ab und zu Channelte ich mit Mister X, ich baute ihn auf und gab ihn immer wieder Mut. Einmal erzählte ich ihn, wenn ich komme dann möchte ich das du mich am Eingangstor abholst! Er sagte mir mit erschrockener Stimme, „Weißt du wie weit das Tor entfernt ist! " Klar wusste ich das, aber ich wollte das er sich große Mühe gibt. Ich habe mich soo sehr gefreut das er das sagte, das sind die kleinen Dinge im Leben, die einen Aufbauen und die machten mich richtig Stolz. Er gab mir durch seine Worte etwas zurück, was ich dringend brauchte.

In meiner gesamten Familie wusste niemand was ich so treibe, also ich meine das ich einen Menschen heile und schon gar nicht Mister X. Bis heute zumindest, aber eine Person nämlich meine Frau hatte es rausbekommen, wie das weiß ich auch nicht. Sie meinte eines Tages ob ich etwas mit Mister X Heilung zu tun hätte? Ich bin ein Mensch der nicht lügen kann und auch nicht will. Ich sagte kleinlaut wie ein kleiner Junge der etwas angestellt hatte, ja das hab ich. Sie sagte nur, es ist schon in Ordnung was du machst, das

153

war`s.

Es vergingen Wochen und Wochen, aber niemals das ich nicht an Mister X gedacht hätte. Ich sagte mir immer wieder er muss das schaffen, bis ich eine Nachricht las. Mister X Zustand ist unverändert, das war das Zeichen er brauchte immer noch meine Hilfe. Ich glaube im Dezember 2014 fing ich wieder an ihn jeden Tag Heilung zu schicken, und wenige Wochen stand auch schon auf Zeitungs-Schlagzeile „Mister X Zustand auf einmal viel besser geworden!" Wer oder was das wohl ausgelöst hatte? Klar ich weiß das, aber weiß das noch jemand? Wenn dann nur Mister X selbst, aber mit wem soll er darüber sprechen, wird ihn jemand glauben? Wohl eher nicht, alle werden sagen du hast eine schlimme Kopfverletzung gehabt, da ist mit bleibenden Schäden zu rechnen. Eben auch das ein jemand im Kopf spricht. Es sei denn man könnte es beweisen, aber das kann er nicht, „noch nicht" aber er wird es. Denn es lässt ihn keine Ruhe bis er es heraus gefunden hat. Mister X ist ein Kämpfer und einer der größten Gewinner, er wird. Ja er wird es schaffen und die Welt wird da draußen, wird es Erfahren, da gibt es mehr zwischen Erde und Himmel als sich ein jeder nur vorstellen kann. Die Welt kann Schwarz-Weiß oder auch Bund sein, es liegt nur an uns, sehe die Welt wie du es willst. Wenn ein Mensch etwas verändern kann, was können dann viele Menschen bewirken? Können wir die Welt verändern durch unseren Glauben? Ja wir können, auf unserer Welt könnte es nur Frieden und Liebe geben, wenn wir es nur zulassen würden. Wir leben im Paradies auf Erden, nur sehen wir das Paradies nicht. Alles was wir brauchen liegt vor unseren Füßen, wir brauchen uns nur zu bücken.

Ich bleibe immer mit meinen kleinen Bruder in Verbindung, ich spüre genau wenn er an mich Denkt. Es sind nun schon fast 1 halb Jahre in dem ich ich ihn fast täglich Fernheilungen geschickt habe, aber ich werde erst aufhören wenn ich weiß das er wirklich wieder gesund ist. Meist sehe ich sein Gesicht in meinen inneren Auge. Wir reden über seine Fortschritte die er so macht, und über Gott und die Welt. Ob wir uns irgendwann treffen werden, entscheidet Gott.

Jeremia 30,17
Denn ich will dir Genesung bringen und dich von deinen Wunden heilen, spricht der HERR…
….nicht ich heile, es ist unser Vater im Himmel, denn er liebt seine Kinder über alles.

Wer ist denn nun „Mister X"? Das Erfahren Sie im nächsten Buch: Engel, Energie und Heilung Band 5. Im Kapitel „Erfolg durch Telepathie" Wichtig hierbei auch in diesen Zusammenhang im diesen Buch Seite 86, die wahren Gründe der Verbundenheit mit Mister X.

Liebe deinen Nächsten wie dich selbst, denn es könnte dein Bruder oder deine Schwester sein. Der Körper ist das eine, aber die Seele ist das wahre ich.
Lutz Brana

Diabetes

Immer mehr Menschen erkranken an Diabetes, der sogenannten Zuckerkrankheit. Längst ist sie die Volkskrankheit die Nummer eins, in Europa und Amerika. Es sollen allein in Deutschland fast zehn Millionen Menschen betroffen sein, dabei sterben rund alle 30 Minuten ein Betroffener an den Auswirkungen der Krankheit, „Diabetes". An Diabetes sterben in Deutschland jährlich mehr Menschen als an Brustkrebs und Aids zusammen. Zwei Drittel der Diabeteskranken erliegen Herzerkrankungen oder einem Schlaganfall. Unser Körper produziert zu wenig oder kein Insulin mehr. Wichtigstes Organ für unser Essen ist die Bauchspeicheldrüse. Die Bauchspeicheldrüse produziert zum einen Verdauungsenzyme, die über den Bauchspeicheldrüsengang in den Zwölffingerdarm abgegeben werden. Die Bauchspeicheldrüse (Pankreas) liegt quer im Oberbauch zwischen Magen, Milz und Leber. Sie ist 15 bis 20 Zentimeter lang und wiegt beim Erwachsenen etwa 70 bis 100 Gramm. Die Bauchspeicheldrüse ist die wichtigste Verdauungsdrüse im Körper. Sie produziert unter anderem das Hormon Insulin, das Zucker aus dem Blut in die Zellen schleust.

Gibt es die Volkskrankheit „Zuckerkrankheit" erst jetzt durch ungesundes Essen und Mangel an Bewegung? Nein, schon um 100 n. Chr. schreibt Aretaios „*Der Diabetes ist eine rätselhafte Erkrankung.*" Er beschreibt die Symptome und den Verlauf: „*Diabetes ist ein furchtbares Leiden, nicht sehr häufig beim Menschen, ein Schmelzen des Fleisches und der Glieder zu Harn... Das Leben ist kurz, unangenehm und schmerzvoll, der Durst unstillbar, ... und der Tod unausweichlich.*"

1675 beschreibt Thomas Willis der Geschmack des Urins

bei Diabetes als „Honigsüß". So entstand der Name „Zuckerkrankheit". Damals nahm man an, es seien die Nieren die erkrankt seien. Erst später fand 1683 Johann Konrad Brunner, der bei Hunden die Bauchspeicheldrüse herausnahm und beobachtete als Folge; extremen Durst und Polyurie, er gilt somit als Entdecker des pankreopriven Diabetes mellitus.

Insulin wird für den Transport des Blutzuckers (Glucose) aus dem Blut in die Zellen benötigt. Dabei hat Insulin im wahrsten Sinne des Wortes eine Schlüsselfunktion. Insulin veranlasst die Körperzellen, ihre Membran für die Glucose zu öffnen. Fehlt Insulin, bleiben die Zellen verschlossen. Sie lassen die Glucose nicht eintreten. Da die Zellen die Glucose jedoch als Rohstoff für die Energiegewinnung benötigen, leiden sie infolge des Glucosemangels nun auch an einem Energiemangel. Gleichzeitig aber sammelt sich immer mehr Glucose im Blut. Der Blutzuckerspiegel steigt.

Es gibt vier Typen der Diabeteskrankheit:

Bei Typ 1 wird aufgrund genetischer und einiger bislang unbekannter Faktoren in der Bauchspeicheldrüse kein Insulin mehr produziert. Es muss daher Insulin gespritzt werden.

Die große Mehrheit der Erkrankten leidet unter dem Diabetes Typ 2, der auf genetische Veranlagung und einen ungesunden Lebensstil zurückgeht. Bei dieser Form von Diabetes produziert der Körper zu wenig Insulin, ein Hormon, das den Blutzuckerspiegel reguliert.

Bei Typ 3 ist Diabetes eine Folge von anderen Erkrankungen.

Typ 4 ist die sogenannte Gestationsdiabetes, die während der Schwangerschaft auftreten kann.

Warum steigt die Anzahl der Neuerkrankungen, gibt es immer mehr Diabetiker? Ja die Neuerkrankungen steigen, einmal da es viel mehr Menschen gibt, als noch vor zweihundert Jahren und zum anderen da das Essen nicht gesund und zu Energiereich für uns ist.

Das größte Problem sind Übergewicht und mangelnde Bewegung! Mittlerweile entwickeln auch viele Jugendliche „Altersdiabetes" (Typ-2). Grund: Sie sind zu dick! Limo, Cola, -chips zu viel Süßigkeiten und Fast Food essen, lassen den Körper Übersäuern.
Diabetes wird häufig viel zu spät erkannt.
Die Diabetes beginnt schleichend, macht anfangs kaum Probleme (außer Durstgefühl und Müdigkeit). Die Blutgefäße werden aber geschädigt. Die Spätfolgen: offene Füße, Beine, die Wunden heilen nicht mehr zu: 40 000 Amputationen pro Jahr! Nierenversagen: Mehr als 2000 Patienten pro Jahr brauchen eine Nierenersatztherapie (Dialyse)!
Augenkrankheiten, die bis zur Erblindung führen können: 2000 Erblindungen pro Jahr durch Diabetes! Weitere Folgen können sein: Schlaganfall, Herzinfarkt, erhöhtes Krebsrisiko. u.s.w.

Wie können wir uns schützen?

Grundsätzlich ist die Bauchspeicheldrüse ein nachträglich entwickeltes Behelfsorgan. Ein Übermaß an Kohlehydraten war von der Natur nie vorgesehen.Völker mit besonders traditionellem Lebensstil haben relativ niedrige Erkrankungsraten, etwa wie die chilenischen Aymara. Von ihnen ist nur **ein Prozent** an Diabetes erkrankt. Im zweiten Weltkrieg gab praktisch überhaupt keine Diabetes „Typ 2 und Typ 3" Vorfälle, berichten Wissenschaftler, das beweist ganz klar, Diabetes hat wohl (nur) mit der Ernährung zu tun. Überdies bringt die heutige laktosereiche Vegetarisch Ernährung außer dem Haushaltszucker, auch viele der anderen 200 Zuckerarten in unseren Körper die eben weder gesund, noch verträglich sind. Naturvölker die sich ausschließlich von Fleisch ernähren, bekommen kein Diabetes, so zum Beispiel die Eskimos die sich nur von Fleisch ernähren. Und somit auch kein Gemüse oder Obst zu sich nehmen. Trotz dieser extremen und fettreichen Ernährung kannten die Inuit (Eskimos) keine Herz-Kreislauf-Krankheiten und auch keinen Karies. Diese Begleiterscheinungen unserer zivilisierten Lebensweise tauchten bei den Inuit erst mit der Einführung von Supermärkten auf. Kohlenhydrate sind nichts für unseren Körper, Getreide wurde erst vor rund 3000 Jahren genutzt, vorher war es nutzloses Unkraut. Wir essen somit noch gar nicht lange jede Art von Getreide und haben noch keine Ahnung von den gesundheitlichen Auswirkungen. Fakt ist lässt man alles weg was **Kohlenhydrate** enthält, gehen die Symptome meist schon nach einer Woche zurück! Es gab genügend Fälle das sogar Diabetes Typ 1 Fälle auf Insulin Spritzen verzichten konnten und auf Tabletten umgestiegen sind. Diabetes ist Kurierbar! Das sage ich, da ich alles was ich schreibe auch selbst teste. Viele Ärzte wollen das nicht wahrhaben, manche sagen aus, das der Typ 2 Diabetes nicht heilbar ist, das stimmt aber nicht. Es geht doch mal wieder um die Pharmaindustrie, es lässt sich eben viel Geld mit

Kranken Menschen verdienen. Verschiedene Studien zeigen inzwischen den positiven Einfluss einer kohlenhydratarmen und fettreichen Ernährung auf den Blutzuckerspiegel und die Insulinresistenz von Zellen. Eine mögliche Erklärung für den heilsamen Effekt dieser Ernährung entdeckten Forscher des Deutschen Instituts für Ernährungsforschung im Tierversuch. Sie fanden heraus, dass nicht zu viel Fett, sondern eher eine Überdosis an Kohlenhydraten die insulinproduzierenden Zellen der Bauchspeicheldrüse schädigen und damit die Diabetes-Entstehung fördern. Wie ich schon in meinen anderen Büchern festgestellt habe, ist Fett wichtig für unseren Körper und kann sogar zum Abnehmen helfen. Wir ernähren uns alle in unser modernen Zeit immer Fettärmer und essen dafür zu viel aus weißen Mehl und Zucker. Fett ist in der Herstellung teurer als Zucker, darum wird es immer mehr in Lebensmittel verarbeitet.

Nehmt Traubenkernpulver ein!

Professor Dr. Peter Eckert, Bonn fand folgende Eigenschaften des Traubenkernpulvers: Die den Blutzucker und die Insulinproduktion stabilisieren, Appetit hemmen und die Alkoholresorption verringern. (Aufnahme von Alkohol durch die Magen- und Dünndarmschleimhaut in das Blut.)

Was ist nun gesundheitsgefährdend für uns?

Am schlechtesten schneidet Weißmehl ab, denn; Weißmehl aber ist nach einigen Studien mit Menschen unseres Zeitalters durchaus als problematisch im Hinblick auf die Entstehung von Arteriosklerose und damit auf Herz-Erkrankungen zu werten und nicht nur das, denn auch Diabetes fühlt sich bei Menschen, die gerne Produkte aus Weißmehl essen, sehr viel wohler als dort, wo Vollkornmehl bevorzugt wird.

Das Risiko für Diabetiker so die Forscher man könne gar ganz konkret reduziert werden, wenn künftig statt Produkten aus Weißmehl solche aus Vollkornmehl gegessen würden.

Die Erklärung dafür ist recht einfach: Weißmehl ist ein isoliertes Produkt mit einem sehr hohen Kohlenhydratanteil. Ballaststoffe sind weit und breit nicht zu sehen. Folglich wird die Stärke im Dünndarm sehr schnell in Zucker aufgespalten. Dieser gelangt ungebremst ins Blut, wo er den Blutzuckerspiegel ähnlich schnell in die Höhe treibt, wie das auch der gewöhnliche Haushaltszucker macht. Des weiteren ist Weißmehl auch mitverantwortlich für schlechte Augen, Rheuma und Gallensteine.

Weißmehl macht unfruchtbar, dick und süchtig!

Daher ist abzuraten von zu viel Stärke, die enthalten sind in Mais, Nudeln, Chips, Kartoffeln und Reis. Schlecht sind auch der Fruchtzucker in Obst, Softdrinks kann das Risiko erhöhen, indem sie Übergewicht und Insulinresistenz fördert. Bananen haben einen hohen Zuckergehalt und mit 23 % Kohlenhydraten ein ziemlichen schlechten Wert für Diabetiker. Bananen sind daher nur etwas für Leistungssportler.

Die uns zum Verkauf angebotenen Brote, Brötchen und Baguette sind alle mit den billigsten Mehl hergestellt worden. (das uns krank macht) Das kann ein jeder leicht feststellen, denn die gekauften Waren werden schon einen Tag später hart. Teigwaren aus guten Mehl hingegen halten locker eine Woche frisch!

Brotsorten, die sich positiv auf die Blutfettwerte auswirken, sind jene, die einen hohen Ballaststoffgehalt haben, also Vollkornbrote. Denken Sie aber bitte daran, dass es deutlich wichtigere Faktoren für den Blutfettspiegel gibt als die Brotsorte, zumal Brot bei einer Übersäuerung sowieso möglichst gar nicht gegessen werden sollte. Sie fahren sowohl im Hinblick auf die Übersäuerung als auch auf Ihre Blutfettwerte am besten, wenn Sie sich auf Gemüse, Salate, Nüsse, Hirse, frische Früchte und hochwertige Fette Olivenöl, Leinöl, Kokosöl, Kürbiskernöl konzentrieren und diese Ernährung mit Fisch, fettarmen Käse oder Fleisch ergänzen.

Zimt hilft bei der Verstoffwechselung Glukose und zur Regulierung des Blutzuckerspiegel. Sie sollten mindestens 1 Gramm Zimt in Speisen zu sich nehmen. Bitterer Kürbis eignet sich besonders als frischer Salat, denn dieser fördert die Insulinproduktion.

„Eine Studie aus Amerika stellte fest, das Diabetes 2 Risiko deutlich ansteigt, (bis 40%) das durch Feinstaubbelastung (Autoabgase) auftreten kann. Wer also viele Jahre an einer dicht befahrenen Straße gewohnt hat, ist somit anfälliger, oder es ist sogar mit der Auslöser für Diabetes Typ 2. "

Warum nicht so Essen wie die Asiaten?

Wie Mehl, Milch, Käse, im Westen liegt der Fokus also auf Kohlenhydrate, reichlich Proteinen und viel Fett.
In Asien dagegen isst man leicht und die gewählten Lebensmittel sind Ballaststoff und vital stoffreich.
In den westlichen Industrienationen isst man hauptsächlich Back- und Teigwaren aus hellen Mehlsorten, Kartoffeln,

Fleisch und Wurst, sowie zu viel Milchprodukte in allen Variationen. Obst und Gemüse gibt es zwar, aber nicht besonders variantenreich und auch nur als kleine Beilage. In Asiatischen Ländern kommt insbesondere Reis mit viel Gemüse auf den Tisch. Allein Blattgemüse gibt es zu hunderten von Varianten inkl. Wildgemüse und Kräuter. Fleisch wird eher wenig verzehrt. Milchprodukte gibt es in der Tat so gut wie gar keine, genauso wenig Getreide-produkte oder Wurst. Fazit; Asiatische Ernährung senkt das Diabetes-Risiko erheblich.

Und noch ein letzter Tipp; Versorgen Sie sich mit Magnesium! Der Zusammenhang zwischen Diabetes und einer mangelhaften Magnesium -versorgung ist noch nicht sehr bekannt. Bei mir fing es bereits mit zwanzig Jahren an, das ich immer wieder Wadenkrämpfe hatte. Ein erstes Zeichen für Magnesiummangel. Später kam auch Diabetes Typ 2 dazu.
Untersuchungen zeigten, dass ein Großteil der Diabetiker an einem chronischen Magnesiummangel leidet.
Natürlich kann Magnesium allein Diabetes nicht heilen, doch ist ohne Magnesium eine Heilung gar nicht erst möglich. Vitamin C ist sehr wichtig auch und gerade bei der Diabetes-Entstehung, durch zu wenig Obst und Gemüse. Sorgen Sie für ausreichend Vitamin C. Ein Körper der krank ist, braucht deutlich mehr Vitamin C. In der Apotheke gibt es extra Vitamin C (ohne Zucker) für Diabetiker.
Tanken Sie Sonnenlicht so viel wie nur möglich, denn schon dreißig Minuten Spazieren gehen am Tag, hat eine wunderbare Wirkung, um Diabetes vorzubeugen bzw. in den Griff zu bekommen. Meidet Industriezucker!
Die Auswirkungen auf Wohlbefinden und Gesundheit sind unbeschreiblich.

Hören Sie also damit auf Zucker zu essen. Zucker in jeder Industriell verarbeiteten Form. Das schließt Haushaltszucker, Vollrohrzucker, Rohrzucker, Rübenzucker, Fruchtzucker sowie sämtliche sirupartigen Süßungsmittel wie Ahornsirup, Agavendicksaft, Maissirup, etc. mit ein. Alle Sirup Arten egal wie sie heißen, sind alle samt viel süßer als einfacher Haushaltszucker. Zucker ist zwar nicht nur der Auslöser Nummer eins von Diabetes, aber er trägt ausgesprochen für die Übersäuerung unseres Körpers bei.

Der Mund ist des Bauches Henker und Arzt.

Die neue Weltordnung

Kampf gegen die neue Weltordnung. Wir sind alle Sklaven von höheren Mächten. Seitdem wir aufgehört haben für uns selbst zu Arbeiten, sind wir einen Vertrag eingegangen als Sklave für andere zu arbeiten. Wissen ist Macht, wer will das? Niemand, wir sollen Arbeiten und konsumieren und den Staat dienen, mehr nicht. Dazu müssen wir nicht Intelligent sein.

Weltherrschaft; wird von nur rund ein Prozent gesteuert, der Rest sind Menschen wie Sie und ich. Wir sind die Schafherde, die Machthaber der Hirte. Damit die Machthaber dieser Erde uns bald noch mehr kontrollieren können, kommt schon bald eine Neuerung auf dem Markt.

RFID-Chips für jeden Erdenbürger; das soll schon bald Praxis werden. Eingepflanzt in den Unterarm, bereits ab der Geburt. Und wer meint er macht des nicht, der liegt falsch. Dein ganzes Geld wird da gespeichert sein. Alle Kontobewegungen werden dann von einer Weltbank kontrollierbar sein. Enthalten sind unter anderen; Personalausweis/Pass, Arbeitssteuer, Kontodaten, Miete, Krankenversicherung, Impfungen, Vorstrafen, Schulden und vieles mehr. So werden wir noch mehr kontrolliert werden, egal wo sie sich aufhalten, die wissen es schon. Das schönste kommt noch, wenn Sie sich gegen die Machthaber entgegenstellen, so könnte diese Chip Sie töten! Es wird kein Bargeld mehr geben. Wir leben in einer Zeit der langsamen Umstellung, zu einer neuen Weltmacht. Irgendwann soll es nicht nur eine Weltbank geben, auch eine Weltregierung und so alles unter Kontrolle zu haben. Es werden keine freie Medien mehr geben und alle Menschen werden wie Zombies durch die Gegend laufen, und nicht mehr Denken können. Sie haben verlernt zu

Denken, da Aluminium und Fluoride das Denken blockiert, denn nicht umsonst fliegen seit 2011 Chemtrails am Himmel, die alle Pflanzen, die Luft und das Wasser in Seen und Flüssen vergiften. Die Regierung weiß das und macht nichts dagegen. Fluoride und Getriebeschaummittel in Zahncreme machen uns Gedankenlos. Fluoride, als Zusatz in Trinkwasser, Tabletten und Speisesalz sind nicht das natürliche Mineral Fluor! Diese haben nichts mit dem essentiellen Spurenelement zu tun, wie es natürlicherweise in Lebensmitteln (Mandeln, Walnüssen, Blattgemüsen) vorkommt. Stattdessen sind diese Fluoride giftige, chemische Abfallprodukte aus der Aluminium, Stahl und Phosphatindustrie! Ich kann das nicht oft wiederholen, denn Menschen glauben den Massenmedien mehr, als meinen Worten. Ich möchte nicht mehr das Konzerne auf der ganzen Welt unseren Planeten zerstören und unser Geld raubt. Das wir unseren Kindern nicht mehr helfen können. Ich möchte nicht das Menschen den Maschinen dienen, sondern Maschinen den Menschen. Die Regierung ist unser Diener, sie haben geschworen den Staat (uns Menschen) treu zu Dienen......

Warum machen die das aber nicht? Stattdessen dienen wir den Staat, wir dienen den Regierungen, wir dienen der Weltmacht und und und …

Was würde passieren wenn niemand zur Wahl gehen würde? Nichts, alles würde so laufen wie bisher, so oder so....

Würde man durch echte Wahlen etwas erreichen, dann wären die die Wahlen längst verboten.

Am Ende unser Tage wird uns noch vorgeschrieben ob wir Sterben dürfen oder nicht, da Sterbehilfe bei uns verboten ist. Selbst da mischen die Pharmakonzerne mit, es muss ja

Geld verdient werden.

Wir werden alle abgehört durch NSA, den US-Geheimdienst damit alle Aktivitäten von uns, sorgfältig studiert werden. Durch das abhören aller Netze in Deutschland wird uns auch ein sehr hoher Wirtschaftlicher Schaden zugeführt. Denn Deutschland ist bekannt für sein Erfindungsreichtum, z. Beispiel die guten Maschinen und die Autoindustrie, wir sind bekannt und beliebt in der ganzen Welt. Durch das ausspionieren von geheimen Daten, entstehen in Deutschland jedes Jahr viele Milliarden Euro Verluste.

Irgendwann haben wir keine eigenen Erfindungen mehr, da die alle in Amerika ihre Lizenz bekommen, was dann passieren würde, ist jeden klar. Fernsehen und Radio schütten uns voll mit geistigen Müll und Fehlinformationen. Die Medien sorgen dafür das alle in eine Richtung laufen. Die neue Weltordnung zu propagieren. Eine Gedankenkontrolle um die Masse der Menschen zufrieden zu stellen und abzulenken. Wir werden fehl informiert und manipuliert. Medien werden kontrolliert und an der Nase herumgeführt. Es gibt praktisch nicht mehr was echt im Fernsehen läuft, alles sind Schauspieler und gaukeln uns etwas vor, damit wir Denken, anderen geht es schlechter als mir. Die Welt ist doch in Ordnung, glauben wir und sehen die Realität nicht mehr.

Die Presse darf nichts kritisches über Amerika berichten, über Russland schon. Das ist sogar erwünscht, wer vergab denn die Lizenzen für die Presseunternehmen in Deutschland, klar Amerikanische Behörden wer sonst. Der zweite Weltkrieg war nie zu Ende. Wir feiern 70 Jahre Waffenstillstand in Deutschland! Wir leben in einen Besatzungsland-Deutschland. Die Besatzungkosten tragen wir. Wir leben in einer Amerikanischen Kolonie. Es gilt immer noch das Besatzer Statut seit 1945.

Der Staat ist das Machtinstrument der herrschenden Klasse. Wie es sein sollte, bei uns ist das nicht der Fall. Bis heute wurde kein Friedensvertrag unterzeichnet, somit darf Amerika machen was sie wollen bei uns, und die Regierung schaut tatenlos zu. Ich fordere schnellstens einen Friedensvertrag in Deutschland. Aber wie soll das möglich sein, wenn die deutsche Regierung und Kanzlerin von den Amerikanischen Besetzern organisiert werden.

Große Konzerne haben die Weltwirtschaft fest in der Hand, haben die Macht an sich gerissen. Regierungen haben die Macht schon vor dreißig Jahren an die Konzerne abgegeben. Regierungen sind auch nur noch zur Beruhigung der Menschen da, nur wie lange noch.

Schwere Panzer und all ihrer tötenden Waffen und Mienen werden in alle Welt geschickt um die hohe Über-bevölkerung einzudämmen und natürlich damit Kriege nicht in Vergessenheit geraden. Denn Angst ist das größte Druckmittel. Die Waffenindustrie verdient gutes Geld damit und auch die Regierungen und der sogenannte Staat, damit werden ein paar soziale Einrichtungen unterstützt.

Viele Menschen wissen nichts mehr außer Arbeit und Einkaufen gehen, aber da gibt es noch viel mehr. Die Handys sind die beste Erfindung der letzten Jahre, alles unter Kontrolle und egal wo sie sich aufhalten. In einen Radius von ein Kilometer, kann ein jeder wissen wo sie sich gerade aufhalten. Handys sind prima Abhörgeräte, genau so wie Computer und Tabletts. Der größte Unfug der Erzählt wurde, das Frau Merkels Handy abhörsicher wäre, wie das? Also wenn ich sie anrufe dann kann ich jedes Wort verstehen und natürlich alle Funk und Datenübermittlungs-dienste der Welt. Wo auch immer Telefonate abgehört werden von der NSA.

Es gibt keinen Mangel auf der Erde. Nahrung, ertragreicher Boden, Wasser es ist alles in Hülle und Fülle vorhanden. Man will uns nur Angst machen damit wir uns wie ein kleines Kind an die Machthaber klammern. Helft uns...

Angst, Ohnmacht und Unwissenheit führen dazu, das wir uns in die Arme begeben unseres größten Erzfeindes die großen Konzerne, Banken, Machthaber dieser Welt. Die die Kontrolle über alle Menschen haben, über Polizei und Armeen. Nur eins haben sie nicht die Kontrolle über Menschen die ohne Geld leben, und über die Russische Föderation. Darum möchten die Amerikaner immer ein Krieg anzetteln, das auch die Russischen Staaten unter den Amerikanischen Machthaber in deren Kontrolle kommen.

Ich hatte in meinen Büchern (E.E.und Heilung 3) über Gemeinschaften geschrieben, leben ohne Geld, Kirchen und Glaubensgemeinden, Autarkes Leben, Klostergemeinschaften, Öko-Lebensgemeinschaften und so weiter....

Das ist genau das, was die Machthaber auf keinen Fall wollen. Sonst haben die uns nicht unter Kontrolle. Wenn die Schafherde in alle Richtungen auseinander laufen und jeder sein eigenes Gras sucht, dann ist der Schäfer arbeitslos. (Weltmachthaber) Die Weltmachtübernahmepläne, Krieg und andere, wie die Einführung des Chip, liegen schon über zwanzig Jahr da und warten nun ausgeführt zu werden.

Manipulation aller Menschen auf der Erde.

Wir sollen wie (Haus)Tiere leben ohne ein Willen, nicht denken. Das Deutsche Volk soll vermischt werden durch Muslime und andere Völker, damit die Einigkeit zerstört wird. Darum sind auch alle Grenzen weggemacht wurden.

Terroranschläge sollen so sein, damit Menschen ohnmächtig, willenlos und ängstlich sind. Flugzeuge verschwinden einfach so. Es ist bekannt das viele

Regierungsbeamte für die dunkle Seite arbeiten. Sie arbeiten mit Numerologie, Symbolen und Satan Anbetungen. Wer hat schon gesehen das Regierungsbeamte ein Kruzifix, das kreuz Christi um den Hals hat. Gern würden sie die Religionen abschaffen um so den letzten Glauben und die Hoffnung der Menschen kaputt zu machen. Wenn immer weniger Autos an die Zapfsäule fahren um Benzin zu tanken, dann ist das ein Grund etwas zu Unternehmen. Die Regierung setzt sich mit den Partei zusammen und Beraten was wir tun können damit wieder mehr Sprit gekauft wird. Denn der Staat braucht dringend die Steuereinnahmen, wie sollte sonst die Bundeswehr bezahlt werden, bei den sehr teuren Auslandskriegs Einsätzen. Die Regierungen sind für die gerechte Verteilung des Geldes verantwortlich, nicht für die Gesundheit der Mitbürger im Land. Wir leben in einen **Kapital**-listischen Staat, da geht alles ums Kapital. Auch wenn dieses System nicht ewig so weiter gehen kann, wird bis zum Ende durchgehalten.

*

Bewusstsein und Verstand künstlerisches schaffen, ist genau das was der Staat gerade jetzt nicht braucht. Freies Denken, Freie Bürger, nein es geht darum das Menschen gerade so viel verdienen, wie sie ausgeben, dann ist alles OK. Ob Menschen noch Leben oder nicht, spielt dabei keine Rolle. Massenmedien Zerstören unseren Willen und Geistige Schaffenskraft. Die Lügen was das Zeug hält und verblöden uns alle. Menschen sollen nicht Denken sondern einfach funktionieren. War früher in meiner Kindheit nach der Satz geläufig; „Wenn einer in den Fluss springt, dann springen alle hinterher." Hätte nicht gedacht dass das mal

171

Wirklichkeit wird. Menschen füllen sich so verloren, haben verlernt selbstständig zu sein. Wer kann denn noch ohne Strom, Fernsehen, Internet und Wasser aus der Leitung Leben? Könnten wir in der Wildnis überleben? In den USA wird schon überlegt wie Menschen überleben wenn Städte nicht mehr funktionieren. Kein Wasser, kein Strom. Wohin fliehen Menschen, sind Bauernhöfe noch sicher. Wer auf dem Land lebt wird der Gewinner sein, die in großen Städten leben werden die Verlierer sein. Der Mensch überlebte schon Millionen von Jahren, ohne Strom, Internet, und Wasser aus dem Wasserhahn, aber wir sind am Ende, wir haben alles Wissen weggeschmissen. Unsere Ur-Omas und Ur-Opas wussten noch wie man in der Natur überlebt, aber wir kennen das nicht mehr. Heute fragen Menschen ob man Regenwasser trinken kann und ob ich es den Pferden geben kann! Wo leben wir denn, nah klar kann man Regenwasser trinken es ist sogar alle mal gesünder als Wasser aus den Wasserhahn. *„Alle Wasser das im Grundwasser, in Bächen, in Flüssen zu finden sind, ist ja Regenwasser"*. Oder wer brauch denn Medikamenten Rückstände, Viren, Bakterien, Chlor, Fluoride und noch hunderte andere Giftstoffe mehr im Trinkwasser. Würde jetzt alles zusammenbrechen und die Menschen müssten ihre Städte verlassen, dann hätten die Indianer Recht. Denn;

„ Erst wenn der letzte Baum gerodet, der letzte Fluss vergiftet, der letzte Fisch gefangen ist, werdet Ihr merken, dass man Geld nicht essen kann."
Weissagung der Cree

In den Meeren geht langsam der Fisch aus, die Flüsse sind vergiftet und Geld nützt nichts mehr, wenn alles zusammen zu brechen droht. Stehen wir kurz vor dem aus? Wir hier in

Europa merken wir die Veränderungen der Welt nicht, wir gehen in den Supermarkt und kaufen ein, alles ist da. Aber dem ist nicht so, es ziehen schon viele tausend Menschen auf der Welt um, da Meere und Seen ihnen kein überleben mehr gewährleisten können. Täglich verlassen Familien ihre Häuser und überlassen sie einfach der Natur. Menschen wissen nicht mehr wohin sie gehen sollen, weder ist Fisch, Krebse und andere Meeresbewohner da um wenigstens das überleben der Familie zu sichern. Es wird von Tag zu Tag immer schlechter auf der Welt. Das sagt uns aber niemand, alles ist scheinbar in Ordnung. Ein fataler Fehler, sich jetzt auf die Regierung zu verlassen und zu warten bis alles zusammenbricht. Die Zeit läuft schneller denn je, denn das Geld verliert immer mehr an Wert und die Menschen müssen noch mehr Fisch fangen um ihre Familie zu Ernähren. Das zieht nun nach sich das noch mehr gefischt wird, als noch vor ein paar Jahren. Und das auf der ganzen Welt, das Ende naht mit ganz großen Schritten kommt es auf uns zu. Schuld ist das Geld, es wird die Welt zum Fall bringen. Aber nicht die Erde wird die Verliererin sein, es wird der Mensch sein. Wir haben längst Möglichkeiten das zu verhindern. Ich hatte Berichtet über Wissenschaftler die könnten dafür sorgen, das es kein Hunger mehr auf der Welt gibt. Es ist alles reichlich vorhanden, aber die Machthaber (Konzerne) dieser Welt wollen das nicht. (siehe in E.E.und Heilung 2, Kapitel Jurassic Park.)

Die Weltmacht will keine Religion mehr, darum gehen sie nach und nach in eine Weltreligion über, um auch diese dann früher oder später abzuschaffen. Das wäre das aus allen Glaubens. Damit ja keiner aus der Reihe tanzt.
Das Gebet ist Gottes Telefonnummer, die Vorwal ist Jesus Christus.

Das Ego löse auf ....und den Neid lass sein, stärke lieber dein Willen. Stärke die Liebe zu dir und alles in deinen Umfeld bis ins Universum und wieder zurück.

Ein Leben wie Jesus Christus

Mein Vorbild und mein ganzer stolz ist unser Erretter Jesus der Gesalbte von Nazaret. Jedes Leben hat sich gelohnt, um nur ihn zu begegnen, unseren Erretter. Denn keiner kommt zum Herrn als durch mich.... sprach Jesus und das ist die volle Wahrheit. Viele Menschen glauben es ist eine Geschichte die vor 2000 Jahren geschah und hat nicht viel mit unsere heutigen Zeit zu tun. Aber das stimmt nicht, denn unsere Zeit auf der Erde vergeht nur weil wir es glauben, so auch im Himmelreich. Denn Leben braucht keine Zeit, leben einsteht durch Energie, Bewegung und Liebe. Alles kommt und geht, verwandelt sich und kommt wieder. Die Erde dreht sich nicht der Zeit wegen, sondern weil Bewegung leben ist. Das ganze Universum ist in Bewegung, ganz ohne Zeit. Alles ist so wie vor 2000 Jahren es hat sich nicht geändert. Jesus wusste alles was geschehen würde und konnte es nicht verhindern, weil es so schon von Propheten ins Buch geschrieben wurde. In den Buch stand auch, das er am dritten Tag auferstehen würde und das ewige Leben im Himmelreich antreten wird. Das ist auch so geschehen, er ist für uns da, wann immer wir ihn brauchen, für immer und ewig.

Aber was habe ich mit Jesus zu tun außer meinen festen Glauben an ihn? Es ist mir erst jetzt klar geworden, das ich mehr mit Jesus gemeinsam habe, als ich jemals gedacht habe. Mit einen vor kurzen stattgefundenen Gespräch mit meiner Frau kamen wir auf dieses Ergebnis und glauben noch immer das es nur ein Zufall ist, aber entscheiden sie selbst. Die erste Gemeinsamkeit die ich mit Jesus habe ist; ich heile durch Handauflegen, genau so wie es Jesus getan hat. Ich weiß das ich die Gabe bekam als ich als Kind ein Nahtod Erlebnis durchgemacht habe. Aber genau da begann mein Schicksal, ich kann mich beim besten Willen nicht mehr Erinnern wann das war. So in Nachhinein müsste ich zwischen sechs und acht Jahre alt gewesen sein. Aber ich glaube es waren auf jeden Fall einige Jahre später, nach dem Nahtoderlebnis. Ich hatte schon mein eigenes kleines Zimmer, mit einen großen Fenster. Ich lag Abends im Bett und hatte wohl immer schon Angst. Ich lag immer mit den Kopf zur Wand und zugedeckt bis über beide Ohren. Es war im Sommer, das weiß ich genau den das Fenster war weit geöffnet. Eines Abends sprach eine Stimme zu mir, es war einen Stimme die mir Angst machte. Eine Stimme wie von einer Hexe, aber es war ein Mann. Es war schon dunkel und ich drehte mich um, um zu sehen wer mit mir sprach; ein Mann saß auf der Fensterbank, schmächtig und sah genau so aus wie der leibhaftige Teufel. Denn ich sah den Schwanz und die Hörner auf seinen Kopf. Er sprach zu mir mit einer Stimme die Klang das er sich sehr anstrengen musste mit mir zu reden. Er fragte mich ob ich Reich werden möchte und berühmt, ich sagte nein, das will ich nicht. Ich glaube ein paar Tage war er wieder da und fragte mich wieder ob ich Reich werden möchte und ich sagte ihn darauf; denn ich wusste, „woher auch immer" das man sich mit den Teufel nicht einlassen darf. (gut das es Märchen gibt) Ich sagte ihn, um endlich Ruhe von ihn zu bekommen, „Reich kann ich auch werden,wenn ich Gut bin" daraufhin Feixte er so höhnisch das klang richtig wie hi hi hi und flog einfach in die Nacht hinaus. Ich glaube er kann gar nicht richtig lachen. Ich weiß nicht ob er zwei oder drei mal da war, für mich war es einfach nur der größte Horror der Welt. Ich Erzählte natürlich niemand davon, wer hätte mir das schon geglaubt. Denn als Kind wollte ich nicht das sich jemand sorgen um mich machen muss, hatte doch meine Mutti genug Arbeit und Sorgen gehabt. Nach dieser

Begegnung fühlte ich mich sehr allein und verlassen und zog mich so weit zurück, das ich Wochenlang nicht mehr redete. Das ich diese Erfahrung hatte musste einen Grund haben, oder sie kommt bei vielen Leuten mehr vor, als ich wissen kann, nur sagt es eben niemand. Meine nächste Erfahrung die ich machte, war bereits als ich Erwachsen war, mich überkam immer wieder das Gefühl meine Hände in laufende Maschinen zu stecken. Wenn mein Vater Holz sägte auf einer großen Säge, hatte ich richtig Visionen die Hand reinzustecken, mit den Gefühl von etwas befreit zu sein. Heute weiß ich das der Dämon mich verführen wollte und hat mich in meinen Denken beeinflusst. Ich hatte ja keine Ahnung, das es so was gibt und geht. So etwas steht nicht in den Geschichtsbüchern, niemand lehrt uns das und wenn einer davon spricht wird er als Spinner abgetan. Dann heißt so etwas man sei Nervenkrank, was damit überhaupt nichts zu tun hat.

Heute ahne ich was die böse Seite mit mir vorhatte die wollten das ich meine Hände nicht mehr gebrauchen kann, ob das mit den Heilungen zu tun hat, oder die Tatsache weil ich Bücher schreibe. So oder so, wollten die es Verhindern das ich meine Hände gebrauche, aber ich war „Gott sei Dank" oder sollte ich sagen „Schutzengel sei Dank" stärker. Aber das sollte noch nicht alles sein, im Jahr 2014 im Frühling war ich mit meinen beiden Kindern acht und zehn Jahre alt um einen kleinen Ausflug zu unternehmen. Nicht weit von uns so ca. fünfzehn Kilometer entfernt gibt es eine kleine Stadt und hinter der Stadt vielleicht fünf Kilometer entfernt auf einen sehr hohen Berg, steht ein Aussichtsturm. Ich wollte schon viele Jahre mal dorthin, kam aber noch nie dazu. Es war an einen sonnigen Nachmittag, wir gingen gemeinsam durch einen Wald und dann etwas später kamen wir an den Turm. Der Turm hatte eine Wendeltreppe aus

Stein, es ging schon etwas eng zu. Ich hatte ein sehr mulmiges Gefühl, warum das weiß ich auch nicht, eigentlich müsste ich glücklich sein. Oben angekommen konnte man richtig raus gehen und um den Turm herum laufen. Plötzlich überkam mir ein Gefühl, ich müsste etwas machen und ich wusste nicht warum. Mir kam die Idee auf das kleine Dach zu klettern, der Turm ist mindestens dreißig Meter hoch. Dann überkam mir die Idee ich könne fliegen, man muss sich nur vorstellen das man sich ein Ziel aussucht um dann einfach hin zu fliegen. Ich träumte ich kann fliegen und stellte mir das Bildhaft vor, wie ich durch die Lüfte flog, Wahnsinn. Ich suchte mir ein Ziel aus, einen kleinen Fels Vorsprung ca. zweihundert Meter entfernt...........

Ich schaute nach unten und sah Menschen vor einen Kaffee sitzen, die gemütlich Kaffee tranken und Torte aßen. Mich überkam die Angst, ein hin und her, aber ich dachte ich schaffe das, oder doch nicht, wenn nicht, liege ich Tod unten auf der Wiese vorm Turm. Wie um Gottes Willen können Gedanken mein tun so sehr beeinflussen, das ich mich Umbringen will! Ich dachte nein ich will das nicht, ich glaube das nicht, ist mir doch egal ob ich fliegen kann oder nicht. Ich weiß das meine Schutzengel mich schützen, aber wo waren sie? War das eine Prüfung, ob ich Ruhm und Anerkennung brauche? Ich wusste jetzt, das ist die richtige Entscheidung, ich ging mit meinen beiden Kindern die Treppen runter, unten angekommen überfiel mich das Gefühl von Glück und dachte bloß, schnell weg von hier.

Nach diesen Ereignis kann ich nun verstehen das es Menschen gibt die sich einfach so von Brücken oder aus dem Fenster stürzen, ohne Nachricht und einen Grund dafür. Nur die Frage ist warum macht das die dunkle Seite mit uns? Was haben die davon wenn sie Menschen in den Tod schicken? Genau wer sich selbst Schaden zufügt, egal wie und warum, der findet keinen Einlass im Himmel. Somit ist die Seele weiter der dunklen Seite ausgesetzt. Die dunkle Seite hätte gewonnen und wieder eine Seele für sich gehabt. Nein das war noch nicht alles, es gab noch eine Prüfung die ich bestehen sollte.

Im Oktober 2014 sind wir nach Russland gefahren um Bekannte zu besuchen. Das wollten wir nutzen um die schönen orthodoxen Kirche anzuschauen, mit den prächtigen Gold und den herrlich Bildern darin. Wenn wir schon hier sind sagte ich zur meiner Frau, dann sollte ich mich hier gleich Taufen lassen. Taufen als Erwachsener wird bei Gott sehr hoch angesehen, denn nicht nur von allen Sünden wird man befreit, es ist die beste Taufe da sie vom Herzen kommt. Eben eine aus Überzeugung und Liebe zu unseren Gott.

Der Priester (ich weiß nicht die genau Bezeichnung in Russland) merkte schnell übers Gespräch, das ich mich gut auskannte in -sachen Glauben und Geschichte. Deshalb wollte er mich gleich und sofort Taufen, das geht eigentlich nicht, da ja Zeugen mitkommen müssen. Aber er lief mit mir runter in den Taufraum, um mich zu Taufen nur meine Frau war mit von der Partie. Er führte die Taufe durch und ich fühlte mich etwas unwohl dabei, so ohne sich darauf vorzubereiten aber was soll`s. Nach ein paar Minuten gefiel es mir richtig gut, zum Ende gab er mir noch einen Kirchlichen Namen, denn jeder bekommt einen der sich Taufen lässt. Ich bekam den Namen „Luka" und dachte gleich an den „Evangelist Lukas" aus der Bibel. Kurios fand ich, das der Name des Priester „Johannes" war, der mich wiederum an den Namen des „Johannes der Täufer" erinnerte. Viellicht alles nur Zufall, oder göttliche Fügung, manchmal glaube ich, alles ist genau so wie vor ca. 2000 Jahren. Wie ich immer sage, es gibt die Zeit nicht. Vielleicht hatte ich nur Glück gehabt, das ich mit meiner Frau lange über meine Erlebnisse redeten. So kamen wir überhaupt darauf das vieles so ist wie in den Überlieferungen drinsteht. Mir geht es vielleicht wie viele tausende Menschen auf der Welt, nur haben sie das noch nicht gemerkt. Wir haben immer die Wahl, uns für die richtige Seite zu entscheiden. Nun meine Prüfung und eurer meine lieben Brüder und Schwestern geht weiter, wenn Sie meinen das war alles? Es geht noch weiter, eine größte Prüfung steht mir noch bevor. Wir waren zu Besuch bei Verwandten und Freunden, unter ihnen eine Hexe (Nachbarin von Olga) die mich in einer Vision gesehen hatte, so sagte sie das zu meiner Schwägerin Olga. Alle wollten das wir uns unbedingt einmal treffen, so „Medium zu Medium". Welche besonderen Kräfte in uns stecken und was man alles machen kann. Nun ich hatte keine Angst vor ihr, warum auch. Schnell merke ich sie ist vom Fach, weiß sehr viel über mich und meiner vorigen Leben die ich so gehabt hatte. So auch das ich früher in Persischen Reich als Frau gelebt habe und auch magische Dinge gemacht habe. Sie konnte sehen welche Krankheiten ich hatte, oder mit was ich gesundheitlich Probleme habe. Alles stimmte so weit so gut, wir Fachsimpelten noch eine weile und tauschten uns aus, welche Fähigkeiten wir so hätten und mit wem man arbeiten müsse. Nun das gingen unser Ansichten weit auseinander, denn ich arbeite nur mit der weißen Seite zusammen, sie meinte aber das ist falsch ich müsse mit beiden Seiten arbeiten. Also mit der weißen und der dunklen Seite, sonst könne ich nicht alle Möglichkeiten ausschöpfen die mir zu Verfügung stehen. Nein sagte ich ich arbeite nur mit der weißen Seite zusammen, niemals mit der dunklen Seite. Sie erklärte mit das ich Menschen viel besser heilen könne, wenn ich mit beiden Seiten arbeiten würde. Der klügere gibt nach und ich gab nach, sagte „kann sein". Es war ein langes Gespräch, überlanges Gespräch und sie sagte; wenn Du Geld verdienen willst, dann biete ich dir die einmalige Gelegenheit an für mich zu arbeiten. Mit einer großen Praxis in einer in den größten Städte Russlands, mit sehr vielen Kunden jeden Tag. Aber unter einer Bedingung, du musst übermorgen am Abend schon zu mir kommen, in einen kleinen Ort. Dort wird Mitternacht eine Satan Anbetung stattfinden. Es sind nur drei oder vier große Hexen da. Da das etwas ganz besonderes ist und nur die größten und ausgewählten dort teilnehmen dürfen. Du hast die Möglichkeit daran teilzunehmen, auch wenn Du nicht alles verstehst, das ist kein Problem.

Alle meine Verwanden und Freunde waren voller Freude, denn sie Verstanden nicht. In meinen inneren sträubte sich alles, wenn ich nur an die dunkle Seite, den Teufel dachte. *(„Zu diesen Zeitpunkt war mir noch nicht klar, wie viel mal im Leben mir der Teufel einen Streich spielen wollte. Und mich immer auf seine Seite zerren wollte.")*

Es war der 31.10.2014 der große Tag der Hexen auf der ganzen Welt. Einen Tag bei den die Hexen die dunkle Seite anbeten, um noch mehr Magische Kräfte und Macht zu bekommen/Besitzen, das nur einmal im Jahr stattfindet. Das Hexen Ritual einer Teufelsanbetung zur Erlangung übernatürlicher Kräfte und zum Schaden guter Menschen. Hexen können Menschen verfluchen, krankmachen und Töten. Alles steht ihnen in der Macht, wenn sie sich verkauft haben. Ich hatte zwei Tage, um nachdenken ob ich da hingehe oder nicht, alle sprachen von der großen Chance die ich nur einmal haben werde. Oder ich werde nach Deutschland zurückfahren und wenig Kunden haben, die ich heilen konnte. Alle sagten „JA" tu es! Und ich sagte, „NEIN" danke meine Seele ist mein! Ich bereue bis zu dieser Sekunde, wo ich diese Zeilen schreibe nicht einmal das ich dieses Angebot ausgeschlagen habe. Niemals so war mir Gott helfe. Sollen die doch denken ich sei ein Feigling, ist mir doch egal. Wenigstens kann ich Jesus und unseren Gott in die Augen schauen wenn ich hinüber gehe, in die feinstoffliche Welt. Ich brauch mich nicht im Schrank verstecken wie die Poltergeister des nachts. Was wir heute sähen werden wir morgen Ernten, manchmal sollten wir nicht nur in der jetzigen Zeit denken, auch mal schauen was kommt und das weit nach unseren Tod hinaus. Nach endlosen Gesprächen mit meiner Frau, kann ich nur sagen das ich auf mich sehr stolz bin, die dunkle Seite konnte mich nicht verführen. Noch mehr stolz bin ich, das ich diese Geschichten ihnen mitteilen darf und allen eine Warnung sein sollten. Denn wir sind rund um die Uhr den dunklen Geistwesen ausgesetzt, Erfahrungen sind eben die besten Lehrer, eurer Lutz.

Spirituelle Stärke ist nicht etwas, was äußerlich sichtbar werden muss. Man kann sanft oder körperlich schwach, jedoch im Geiste stark sein.
von Harold Klemp

Wer die Bibel kennt, kennt natürlich die Geschichten von Jesus Christus. Paradox ist nur, das die Geschichten von mir mit den Teufel, die auch bei Jesus eine große Rolle spielte. Auch ihn wurde vom Teufel Reichtum und Macht angeboten, ebenfalls die Geschichte mit den Turm. Auch Jesus sollte vom Turm runter springen, so der Teufel, die Schutzengel würden ihn schon auffangen. Ich glaube nicht das ich der einzige bin, den diese Schicksale heimsuchen. Vielleicht geht es hunderte Menschen auf der Erde so, und das jeden Tag aufs neue. Nur wer merkt das schon, ich bin auch nur durch Zufall darauf gestoßen. Und wer ist so ehrlich, das zu sagen oder zu schreiben.

Gott gibt es!

Ich bin einer der wenigen, die das wissen haben zu glauben das es Gott gibt. Für mich gibt es da überhaupt keinen Zweifel das es nicht so wäre. Gott ist Allgegenwärtig und wir können seine Nähe spüren. Gebe es nur Gott wäre es schwer zu glauben, aber da gibt es eben auch die andere Welt, „die dunkle Seite", über die es viel zu berichten gibt. Menschen haben Angst in die Hölle zu kommen, aber was tun sie? Um nicht dort hin zu gelangen muss man erst mal an die Kraft von Gott glauben. Jede Geschichte über Satan ist ein Beweis das es einen Gott gibt, denn alles hat zwei Seiten. Auf unserer Erde haben zwei die Macht das sind Gott mit seinen Gehilfen die Erzengel, die weißen Schutz Engel und die dunkle Seite, den Satan und seine Erzengel, schwarzen Engel. Der Mensch hat darum den freien Willen bekommen und kann sich selbst aussuchen, wem er dienen möchte. Wie ich schon schrieb, die dunkle Seite kennt die Liebe nicht, aber ohne Liebe geht der Mensch zu Grunde. Ich habe mir sagen lassen das es auch im Universum auf anderen Planeten genau so zugeht wie bei uns, auch da ist der Wille der Menschen gefragt. Ein Mensch zu sein, heißt; „sich das zu verdienen, damit man als ein Mensch leben darf." Wenn doch alles so einfach wäre, ist es aber nicht. Leicht wäre es wenn wir genau alles wüssten, als nur zu spekulieren, aber wer die Augen aufmacht der sieht, wer die Ohren spitzt der hört. Die kleinen Dinge straft Gott gleich, die großen vergehen und werden vor dem Himmelsgericht ihre Bestrafung finden. Ich bin auch nicht immer der Engel auf Erden und hatte mal eine kleine Dummheit gemacht. Am Nachmittag verdunkelte sich auf einmal der Himmel und ich musste unbedingt noch zur Post gehen. Als ich über dem großen Marktplatz ging, knallten nur so die Blitze vom

Himmel und welche wenige Meter von mir entfernt. Ich wusste genau von wem das kam, es war mir als wenn Gott mit mir schimpfte. Ich Verstand ihn einfach vom Herzen heraus, ich versprach hin das nicht wieder zu tun. Angst hatte ich überhaupt nicht, klar er hätte mich ganz leicht zu sich hinauf holen können. Dieses Erlebnis zeigt doch, das wir auf unser Herz hören müssen und glauben was man fühlt. Ich danke unseren Vater im Himmel vom ganzen Herzen, das er mir so viel Liebe schenkt.

*

Nur fünf Beweise das Jesus Christus gelebt hat, und immer noch lebt.

Jesus Christus lebt wie einst nach seiner Auferstehung bis zum heutigen Tag und in alle Ewigkeit weiter. Ich hatte schon viel Visionen, Bilder im Kopf. Ich sah ihn das erste mal als ich mich unseren Herrn Jesus mein Leben, mein Herz und meine Seele übergab. Ich sah ihn mit der Dornenkrone auf dem Haupt und seinen weißen Gewand. Ich durfte hin schon viele mal sehen, so voller Liebe und Dankbarkeit, die er ausstrahlt. Kein Zufall glaube ich, das er zwei mal an je an einen „dreizehnten" des Monats bei mir war. Er ist keinen Tag gealtert und immer noch so jung wie damals, wie vor ca. zweitausend Jahren. Viele glauben das es Jesus überhaupt nicht gab, aber das gegen teil ist der Fall, denn Wissenschaftler fanden den Beweis.

Ron Wyatt ist Archäologe und folgendes heraus. Die Lade des Bundes des Elohims Abrahams, Isaaks und Jakobs befindet sich in einer Höhle unterhalb der Stelle, an der Yehsuhua ha` Machiach in Yerushaläyim (Jesus) gekreuzigt wurde. Auf der Lade des Bundes wurde getrocknetes Blut gefunden, von unseren Jesus dem Messias. Zum Zeitpunkt als der Messias starb, wurde es sehr dunkel am Himmel und ein Erdbeben erschütterte die Gegend sehr heftig. Das Erdbeben war so stark das die Felsen große spalte und Risse bekamen. Genau dort wo Jesus gekreuzigt wurde entstand ein so großer Spalt, der tief bis in die Gänge unterhalb der Stadt gelang. Dadurch konnte das Blut tief hinunter fliesen, direkt auf die Bundes Lade. Bis vor wenigen Jahren wusste das niemand, erst der Archäologe Ron Wyatt kam auf die Idee und seine Berechnungen sollten Recht behalten. Sein Gefühl trieb ihn an, der Sache nachzugehen. Er kratzte das Blut von der Bundes Lade ab und nahm es mit. Der Archäologe Ron Wyatt untersuchte das Blut und sagte zu einer Pressekonferenz folgendes; das Blut was ich fand ist natürlich tot, da getrocknetes Blut immer tot ist. Aber trotzdem lies ich es in einen modernen Labor untersuchen. Ich wusste nicht, dass das Blut von Jesus stammen könnte, aber ich ahnte es. Das Problem; man kann keine Chromosomen zählen, zumindest wusste er nicht das man es doch kann. Man kann die DNA herausfinden aber nicht die Chromosomen zählen. Denn das macht man bei lebenden weißen Blutzellen. Er brachte das Blut zur Analyse in ein Labor in Israel, dort bat er um Untersuchung des getrockneten Blutes. Sie sagten „ Wir werden es wieder herstellen, wir werden es in normales Zellin geben und auf normale Körpertemperatur halten, für 72 Stunden unter leichten Wirbeln wie in unseren Adern auch. Der Archäologe Ron bleib im Labor um zu sehen welche Ergebnisse sie für ihn hatten. Die Laborarbeiter sagten als erstes „Es ist auf jeden Fall Menschliches Blut" und dann machten sie weitere Test, die gemacht werden mussten. Dann sagte der Archäologe Ron, legt bitte weiße Blutzellen in ein Nährlösung und haltet es dort für 48 Stunden auf Körpertemperatur. Sie sagten das bringt nichts, da es totes Blut ist. Macht es trotzdem sagte Ron zu den Laboranten, sie sagten „OK". Ron Wyatt sagte ich möchte unbedingt dabei sein, wenn ihr es raus nehmt und Untersucht. Nach 48 Stunden holten sie das Blut heraus und legten es unter ein Mikroskop, die Wissenschaftler waren sichtlich erregt über das was sie sahen. Sie riefen erregt den Chef des Labors und diskutierten. Sie redeten auf Hebräisch, sie riefen „Mister Wyatt, das menschliche Blut enthält nur 24 Chromosomen"! Denn jeder Mensch hat doch 46 Chromosomen, vom Vater 23 und von der Mutter 23 Chromosomen. 22 Autosoms vom Vater und 22 Autosoms von der Mutter. Dieses Blut hatte aber 23 Chromosomen von Seiten der Mutter und nur ein Y-Chromosom. Als Kind hätte es sich nicht entwickeln können, ohne die Autosomen der Mutter. Es wurden so alle körperlichen Eigenschaften der Mutter durch ihre Autosomen bestimmt. Seine Männlichkeit wurde von nur einen Y-Chromosom bestimmt, dessen Quelle ein nicht menschlicher Mann war, also nicht von dieser Erde. Dann sagten sie, das Blut lebt! Und dann fragten die Leute aus dem Labor, „wessen Blut ist das?" Ron sagte, „das ist das Blut unseres Messias." Alle waren einfach sprachlos und zu tiefsten Herzen gerührt, denn jeder wusste das es so ist und nicht anders.

*

Wissenschaftliche Auswertung von Dr. Eugene Dunkley, Geneticist im August 1999, England. Karyotypen Chromosomensatz eines Individuums, definiert durch die

Zahl und Gestalt der Chromosomen, wie sie in der Metaphase der Mitose (= mitotische Kernteilung) lichtmikroskopisch sichtbar sind.) werden ständig ausgeführt. Dies ist eine Technik, in der die Chromosomen in der Metaphase (= eine Phase der Mitose) durch ein Medikament verhaftet werden, und dann entweder mit Giemsa oder Gegen- Beize gefärbt werden. In dieser Phase werden sie getrennt, gezählt und charakterisiert. Es wird zudem auch ein Banding-Muster im Zusammenhang mit den einzelnen Chromosomen-Paar erstellt, so dass die Identifizierung des Chromosoms unverkennbar ist. Weiße Blutkörperchen sind die einzigen Blutzellen, die für ein solches "Experiment" in Frage kommen.

Der Ablauf der Untersuchung:
Die Blutprobe wurde von der Bundeslade geschabt. Dann wurden die Zellen in PBS (ein Puffer) resuspendiert, so dass die Zellen rehydrieren. Anschließend wurden die Zellen kultiviert. Es ist nur Zellen mit DNA möglich, in dieser Kultur zu wachsen, so ist eine Trennung von roten Blutkörperchen, Thrombozyten, und so weiter, nicht nötig, da diese in der neu wachsenden Kultur nicht vorhanden sind. Anschließend werden die Zellen (oder einige von ihnen) genommen, und, wenn die Zellen in der Metaphase sind, d.h. wenn die Chromosomen kondensiert sind und unter Mikroskopie sichtbar werden, gehaftet und gefärbt. Einige der Farbkörper ermöglichen Lichtmikroskopie, andere ermöglichen die Fluoreszenzmikroskopie.

Ron war davon überzeugt, dass das Blut auf der Bundeslade das Blut von Jesus ist, da es nur 24, anstelle 46 Chromosomen hat.
Ron wusste, dass ich Kenntnisse in diesem Bereich habe,

und in der Tat, wenn er gedacht hätte, das Ergebnis sei fragwürdig, so hätte er es mir nicht erzählt, denn er wusste, dass ich einer der wenigen Menschen bin, die in der Lage sind, den Test und das Ergebnis auseinander zu nehmen. Er meinte, dass er während einem Vortrag wusste, dass ich es verstehen würde. Und tatsächlich fühle ich bis heute, was Gott großes an ihm tut. Das überzeugt mich, dass Ron richtig liegt. von Dr. Eugene Dunkley, Geneticist August 1999, England.

Welchen Beweis brauchen wir noch? Für mich war schon immer klar, das es Jesus Christus gegeben hat, aber das ist doch nun wirklich der Hammer. Getrocknetes Blut ist normaler Weise tot, aber in diesen Fall konnte es wieder zum Leben erweckt werden. Wenn schon Wissenschaftler davon gerührt sind und überhaupt keinen Misstrauen haben, dass das nicht so sein kann, dann weiß ich auch nicht. Für mich ist das der Punkt auf dem i ich habe da einfach keine Fragen mehr. Nur bedauerlich das so etwas im Fernsehen nicht gezeigt wird. Dabei wollen gerade Wissenschaftler immer den Gegenbeweis finden. Das die Bibel und die Geschichten die vor ca. 2000 Jahren stattfanden, nicht so waren und einfach nur Geschichten seien. Wissenschaftler Graben nicht umsonst in Ägypten, Israel, Galiläa, Griechenland, Arabien, Palästina, Bethlehem, Syrien, Jerusalem nach Beweisen, eher um gegen Beweise zu finden, das es sich um Erfindungen in der Bibel handelt. Leider finden Wissenschaftler immer mehr Beweise das es stimmt, was in den Überlieferungen steht. Ich habe da kein Problem damit, sollen die ruhig weiter graben. Die Wahrheit wird siegen, die Wahrheit kommt immer ans Licht, so wie alle Lügen. In der Bibel findet man vier verschiedene Versionen des Lebens und Wirkens Jesu. Die vier

Evangelisten Markus, Matthäus, Lukas und Johannes verfassten viele Jahre nach der Kreuzigung Jesu, etwa zwischen 30 und 100, ihre Texte über Jesus. Dabei ging es ihnen jedoch weniger um seine Familie, Freundschaften, Liebesbeziehungen, seine Kindheit oder seine Jugend als vielmehr um seine Zeit als Prediger, seine religiöse Botschaft und seine Wunder, die er vollbracht haben soll. Über sein tatsächliches Leben wird nur sehr wenig berichtet. Obwohl die vier Evangelien im Neuen Testament nur teilweise übereinstimmen und bisweilen sehr lückenhaft sind, bilden sie bis heute das Fundament des christlichen Glaubens.

Vielleicht ist der klarste Beweis dafür, dass Jesus lebte, die Tatsache, dass buchstäblich tausende von Christen einschließlich der zwölf Apostel im ersten Jahrhundert bereit waren, ihr Leben als Märtyrer für Jesus Christus zu lassen. Die vier Evangelisten Markus, Matthäus, Lukas und Johannes haben doch nicht Lügen aufgeschrieben, Menschen sind bereit, für die Wahrheit zu sterben; aber niemand ist bereit, für eine Lüge zu sterben.

*

Vor sechs Jahren fand ein Beduine in einer kleinen Höhle in einem Trockental im Norden Jordaniens miteinander verbundene Bleitafeln. Eine gewisse Zeit hielt er seinen Fund vor den Wissenschaftlern geheim und versuchte, die Bleitafeln zu verkaufen. Aber dann erfuhr er zufällig, welchen großen historischen Wert sie besitzen. Seine Käufer hatten sich an Fachleute gewandt, damit jene deren Echtheit bestätigen. Ihr Erstaunen war groß. Fast 70 Bücher, ein jedes davon bestehend aus 5 bis 15 Bleiplatten, die mit Bleidraht verbunden waren, enthielten einen chiffrierten

Text. Teilweise ist er im alt jüdischen Alphabet, teilweise in Hieroglyphen geschrieben. Bisher ist es gelungen, einen kleinen Teil des Textes zu dechiffrieren. Wie die Wissenschaftler behaupten, geht es darin um den Messias und die Auferstehung. Manche Experten sind überzeugt: Die Texte wurden von Zeitzeugen des irdischen Lebens von Jesus Christus und seiner Schüler geschrieben. Spezialisten im Westen sind der Ansicht, sollte sich das alles bei der weiteren Erforschung der Texte bestätigen, so würden diese „Blei-Bücher" nicht nur eine weitere Entdeckung in der Geschichte der Archäologie, sondern wohl auch ein weiterer Beweis für die Existenz von Jesus Christus!

*

Ein weiterer Fund wurde in einer Felsenhöhle gefunden, eine alte Steinplatte mit einer Aufschrift, 87 Zeilen Text auf einem uralten Kalkstein. (wahrscheinlich aus Jordanien, in der Nähe vom Toten Meer)
Bereits vor einigen Jahren wurde der Stein von Ada Yardeni, einer israelischen Spezialistin für hebräische Schriften, und ihrem Kollegen Binyamin Elitzur näher untersucht. Darauf stand unter anderen;
„Römer kreuzigten einen Juden, der nach drei Tagen wieder auferstanden ist."

Gnade sei mit allen, die da lieb haben unseren Herrn Jesus Christus unverrückt!
Epheser 6.24

Die wahrscheinlich letzte Nachricht

Wichtige Nachricht für alle meine lieben Brüder und Schwestern und meiner lieben Familie zuhause und natürlich allen engen Freunden.

Ich hoffe ihr lest die Nachricht nachdem ich aus meinen Körper hinausgefahren bin. Ich bin jetzt im Himmel und habe jede Menge zu tun. Muss alle Neuankömmlinge versorgen und Einweisen. Sehr viele Menschenkinder haben ja überhaupt keine Ahnung wo sie sind. Muss ihnen Erklären, das sie sich im Himmel befinden. Sie haben ja alles richtig im Leben gemacht, nur auf den Tod hat sich kaum jemand vorbereitet, obwohl der Tod ein fester Bestandteil vom Leben ist und wir alle vom Anfang an Wissen, das wir eines Tages sterben werden. Jetzt kommt alles was ich gelernt habe, auch allen anderen lieben Brüdern und Schwestern zu gute und ich bin überglücklich hier bei Jesus zu sein. Seine Herzenswärme und Liebe zu spüren, der ganze Himmel erstrahlt in einen ganz besonderen warmen Licht, die Farben in ihrer leuchtenden Kraft und Herrlichkeit. Ruhe und Gelassenheit prägen hier das Bild und den Alltag, Freude und Begeisterung umgeben mich hier. Ich bin ihr umgeben von wunderschönen Engeln, die mich alle bei meinen Namen kennen, und wenn Jesus kommt dann spüre ich seine Allgegenwart an der Liebe und Frieden die Er ausstrahlt. Aus seinen Herzen das er in der Mitte trägt, geht eine Himmlisches Licht hervor, das alles durchdringen vermag, der seine Liebe annimmt. Lass das Leben los, für etwas neues, Jesus hat es uns vorgemacht er wusste er geht zum Vater. Das woran wir glauben, das wird geschehen. Wenn wir festhalten am Leben und immer den Leben nach jammern, dann werden wir uns niemals befreien können. Das jetzige Leben wird uns immer wieder hinein ziehen, und wieder und wieder. Auf der Erde bei euch herrschen Materialismus und Macht, das es eben auf der anderen Seite nicht gibt. Warum etwas besitzen wollen, wenn wir auf alles verzichten können. Wir könnten alles besitzen und teilen, warum soll etwas einen gehören, wenn alles unseren Gott gehört. Er gab uns allen ein zuhause. Wenn einer einen Anspruch erheben kann, dann ist es Gott, er ist der einzige der alle Rechte auf der Erde hat.

Warum soll ich Pflanzen abreisen zum Essen, wenn ich gar kein Essen mehr brauch. Warum soll ich Tiere töten damit ich essen kann, wenn ich das doch gar nicht brauch. Ich kann mit allen Tieren und Pflanzen in Harmonie Leben. In der feinstofflichen Seite brauchen wir kein Essen, somit brauchen wir nicht sündigen, natürlich ist Essen keine Sünde, da sie unser überleben sichert. Aber warum muss sich etwas für uns opfern, wenn es auch ohne geht. Wir Menschen sind in der Entwicklung so weit fortgeschritten, das es an der Zeit ist, den nächsten Schritt zu gehen. Lasst das Leben los und folgt den Gedanken auf ein neues, wer geht den Schritt wie ich es machen werde. Wenn der Tag kommt, und Gott holt mich in den Himmel, dann werde ich so glücklich sein wie noch nie in meinen Leben. Denn ich komme nach Hause, in meinen vertrauten Ort. Den ich kenne, ich war ja schon so viele mal hier, aber immer nur zu Besuch, danach holte mich der Alltag wieder zurück auf die Erde. Weil meine Gedanken, oder die Sehnsucht mich immer wieder zurück auf die Erde zog. Nun viele von euch werden jetzt denken, ich verlasse die Erde und lass meine Kinder und Freunde zurück, weil mir das egal ist. Nein so ist das nicht, ich weiß mit hundert Prozentiger Sicherheit, das ich auf der anderen Seite Euch viel mehr helfen kann, als wenn ich persönlich hier bin. Ich bin frei und kann sehr

193

schnell auch an verschiedenen Orten der Erde sein, wenn nicht sogar gleichzeitig. Ich habe Fähigkeiten die ich hier nicht habe, ich kann schweben und mich frei in der Luft bewegen. Ob nach oben, nach unten. Ich kann einfach durch Wände hindurchgehen und bin praktisch unzerstörbar. Der einzige der mich in Energie auflösen kann ist Gott, er ist Allgegenwärtig. Alle feinstofflichen Brüder und Schwestern sind Diener Gottes und aller Lebensformen auf der Erde. Unsere feinstoffliche Seite hat uns in der geistigen Entwicklung und technischen Entwicklung sehr weit nach vorn gebracht. Diese haben schon so manche Menschenleben gerettet. Die feinstoffliche Welt sind unsere größten Helden, es wird die Zeit kommen das ihre Arbeit gewürdigt wird. Wenn die Menschen so weit sind, alle zusammenhänge zu verstehen. (wie bei den Veden einst) Gott ist die Kraft und die Herrlichkeit in allen, Gott ist in uns. Im jeden von uns ist das Licht, die göttliche Liebe die uns voran streiten lässt. Gott ist Mut, wer sich entfernt von der Liebe zu Gott, ist verängstigt und hilflos. Wer aber mit einen starken Glauben behaftet ist, der ist der Ritter der Mutig, sich für seine Liebsten in andere Welten begibt.

Auf der Erde leben über sieben Milliarden Menschen, die Erde könnte noch mehr Menschen verkraften, es ist genug Platz für alle da. Wenn wir nur richtig mit der Natur leben würden. Jesus sagte; schaut die Vögel arbeiten nicht und haben immer zu essen. Die Blumen blühen und wachsen, ihnen fehlt es an nichts. Alle Menschen auf der Erde hätten genug Platz, soviel das alle Menschen in Australien leben könnten. Die Zeit ist nun gekommen, das wir einen neuen Weg gehen. Jesus zeigte uns den Weg, wir sollten umkehren, zweitausend Jahre ist das schon her und wir verstehen immer noch nicht seine Botschaft von Jesus Christus. Jesus Christus öffnete uns die Tür zum

Himmelreich, für uns Menschenkinder. In eine neue Welt, es ist sozusagen eine Evolution des Menschen, vom festen Körper auf einen feinstofflichen Körper. Wir besitzen nicht umsonst sieben Körper. Genau wie die Aura des Menschen und die sieben Chakren. Wir bestehen aus verschiedenen, einander durchdringenden Schichten, genau wie eine Zwiebel, die ebenso viele Hüllen formt, die unser wahres Selbst umhüllen. Unsere wahre Identität ist also bekleidet mit einigen Schichten, wir sind geerdet. Beim Übergang in die feinstoffliche Welt streifen wir sozusagen eine Hülle ab. Irgendwann in Millionen von Jahren wieder eine und später wieder eine, bis unser Kern übrig bleibt. Dann gehen wir in das Licht, da wo alle sein werden. Bis wir wieder zum neuen Leben erweckt werden und mit einen neuen Seelenauftrag, auf neue Abenteuer gehen.

Jesus ist nach drei Tagen auferstanden, um uns zu Beweisen das es ein Leben nach dem Tod gibt. Jesus sprach; er ist nicht von dieser Welt, genau wie wir nicht von der Welt sind. Das sprach Jesus bevor er starb, woher hatte er nur so ein großes Wissen? Er sprach von vollendeter Einheit aller Menschen. Das er eins ist mit Gott und so wie wir alle eins sind mit Gott.

Menschen möchten das Jesus wieder kommt, aber sollte es nicht anders sein, Jesus möchte doch das wir zu ihn kommen. Wir sollen den Weg finden zu unseren Jesus und zum Vater, denn Jesus machte den Weg frei zum Herrn. Das ewige Leben versprach er uns und wir nehmen es nicht an? Das ewige Leben ist aber dort wo Jesus ist. Er beweist uns das ewige Leben immer wieder, denn er kommt doch zu vielen Menschen die ihn rufen.

„Unser Vater im Himmel holt
seine Kinder zurück.“

Ist dass das große Geheimnis aller Religionen, warum hat uns das noch niemand gesagt. Was steht in den Büchern, in den Bibliotheken vom Vatikan in Rom?

Wir sind Kinder und leben auf dieser Welt, aber wer rüber gehen möchte, bleibt auf dieser schönen Welt. Gib alles auf und du wirst tausend mal mehr bekommen, als du je gegeben hast. Gib dein schönes Zuhause auf und du wirst ein noch viel schöneres zuhause bekommen. Selbstverständlich nach unseren natürlichen Tod! Wir müssen lernen das es nicht nur das gibt was wir sehen. Nicht alle werden beim Übergang ins ewige Reich im Himmel für immer da bleiben können. Viele von euch werden noch mal zurück kehren müssen, um die Aufgaben zu beenden die wir angefangen haben. Aber bedenkt; alles was einmal im Kopf gespeichert ist bleibt ewig drin. Ihr werdet euch immer wieder daran erinnert. „Wo ein Wille ist, da ist auch ein Weg." Jeder kommt zum Herrn, man muss es nur wollen und die gesetzte Gottes befolgen.

*

Wir werden schon seit vielen tausenden Jahren von der feinstofflichen Seite geführt. (seid es den Menschen gibt.) Nicht nur Engelwesen und Heilige auch Menschen wie Du und ich, aber eben feinstofflich, gekommen aus dem fernen Universum. Viele Bücher entstanden, viele Erfindungen wurden gemacht. Die Arche wurde gebaut und viele schöne Bauwerke entstanden, in Rom oder China und in Amerika, eben überall auf der Welt. Pyramiden entstanden um die ganze Erde herum, in allen waren unsere feinstofflichen Brüder und Schwestern beteiligt, um uns zu führen und uns in der Entwicklung zu unterstützen. Es ist bekannt das viele Brüder und Schwestern von fernen Planeten, bei uns lebten und viele Fundstücke bestätigen das. Diese Fundstücke waren Skelette mit übergroßen Köpfen, wie auch die Ägyptische Pharaonen, die von fernen Planeten kamen und die Pyramiden mit hoch entwickelter Technologie erbauten.

Es gibt da draußen noch viele bewohnte Welten, mehr als wir uns vorstellen können, und wir sind ein fester Bestandteil im Weltraum. Also sind wir mit allen Verbunden, vom Ende im All bis zum Anfang. Wir sind das Alfa und das Omega. Wir haben ein großen Einfluss auf das Leben im fernen Kosmos, so wie deren Leben Einfluss auf unser Leben hat. Unser Leben muss also auf der Erde beschützt und in die richtige Richtung geführt werden. Damit das so bleibt, dafür sind unsere feinstofflichen Brüder und Schwestern da, um uns tatkräftig zu unterstützen. Das tun sie schon lange und werden es so lange tun, bis wir selbst auch als feinstoffliche Wesen von der anderen Seite aus, die Menschen führen und helfen können, wie das im Weltraum schon Millionen von Jahren Brauch ist. Irgendwann werden auch wir andere Welten wie die unsere Erde, im Universum helfen und Unterstützen wo es nur geht, aber bis dahin vergehen bestimmt noch viele Jahrhunderte. Es soll im Universum 58 intelligente Rassen, Außerirdische Wesen geben und wir sind eine davon.

Freud Euch des Lebens meine lieben Brüder und Schwestern auf der Erde, ihr seid behütet und geliebt von unseren Herrn, unseren Heiligen Vater im Himmel. Er sendet euch ganz liebe Grüße, durch deinen Schutzengel und seinen geliebten Sohn Jesus Christus und unsere Heilige Jungfrau Mutter Maria aus. Nehmt es an und ihr werdet geführt sein, im Gottes Namen.

Uesugi Kenshin, Samurai und Feldherr
im 16. Jahrhundert, ermahnte seine Gefolgsleute:

Die am Leben festhalten, werden sterben, und die den Tod verachten, werden Leben. Auf das Innere kommt es an. Schaut hinein in das Innere, halter es fest, und ihr werdet erfahren dass in euch etwas lebt, das jenseits von Geburt und Tod besteht und weder im Wasser ertrinken noch im Feuer verbrennen kann. Ich selbst habe die Erkenntnis dieses Samadhi gewonnen und weiß, was ich euch sage.
Wer sein Leben nicht hingeben und den Tod nicht erwählen mag, der ist kein wahrer Krieger.

Danksagung

Meinen herzlichsten Dank geht an Gott, den Engeln, Jesus, Mutter Maria und an den Heiligen Geist. Allen feinstofflichen Brüdern und Schwestern alle auf Erden. Viel Liebe und Dankbarkeit an die gesamte Welt und allen was mich umgibt.

Eurer Lutz Brana

Lutz Brana

Engel, Energie und Heilung 5

Das große Geheimnis

Das große Geheimnis
ISBN 978-3-7347-8927-4

Auch in diesen Buch geht es um wahre Begebenheiten aus meinen Leben und aus vergangener Zeit. Was erwartet uns in den nächsten Jahren, wie gestalten wir unsere gemeinsame Zukunft? Gesundheit ist wieder ein wichtiges Thema und wie erreiche ich ein glückliches Leben, mit der richtigen Einstellung im Leben ist das möglich. „Lebenskunst und Lebenskraft" der Weg zum Erfolg, durch eine gesunde positive Einstellung im Leben. Seien sie der erste, der von einen wahren Wunder erfährt, von dem noch viele Jahrzehnte gesprochen werden wird! Wir Leben immer und ewig, deshalb ist altes Wissen sehr wichtig für unsere Zukunft. Berühmte Wissenschaftler aus Österreich haben die Lösung für unsere Energieprobleme auf unserer Welt schon längst gefunden. Die richtige Energieherstellung und Nutzung hatte schon vor über hundert Jahren begonnen, aber die Elite verhinderte mit allen Mitteln, das sich dieses Wissen ausbreitete.

Quellenverzeichnis

Schirner Taschenbuch, Im Wald der Wandlung von Foster Perry
Verlag Allegria, Leben wie ein Buddha von Satyam S.Kathrein
Ouija, teilweise Informationen aus dem Internet
Die Evolutionslüge - Joachim Zillmer - Mysterien Zyklus
Medien werden fürs Lügen bezahlt
Wenn wir wüssten von Götz Wittneben
Menschheit im Dornröschenschlaf↓ von Werner Günter
Forum spirituelles wissen
Erich von Däniken
Buch „Living Enlightenment"
Huna Arbeitsbuch
Wissenschaftlich Auswertung von Dr. Eugene Dunkley, Geneticist
August 1999, England. Via YT Kanal.
Radio „Stimme Russlands"
Hinton, Lex. Eins mit Gott. Mystik jenseits von Religion und Zeit.
Musik und kosmische Harmonie aus der mystischen Sicht
Loyola, Igntius von: Geistige Übungen, München 1923
Prabhupada, Srila: Die Schönheit des Selbst
Reisner Erwin: Der Dämon und sein Bild, Frankfurt Main 1989
Adler Seelenwanderung und Wiedergeburt, Freiburg1980
Alle Bilder, aller Bücher aus eigenen Inventar
Mister X, Heilung. Mit freundlicher Genehmigung von ihm persönlich,
meine Geschichte veröffentlichen zu dürfen, für seine Fans auf der
ganzen Welt.
u.v.a.

Erschienen sind unter anderen in dieser Reihe:

Engel, Energie und Heilung 1
Vor dem Leben ist nach dem Leben.
ISBN 978735721167

Engel, Energie und Heilung 2
Spirituelle Lebenserfahrungen
ISBN 9783735775009

Engel, Energie und Heilung 3
Das darf doch niemand wissen!
ISBN 9783738602746